**LEA BLUMENTHAL**

# MACH'S WIE DIE MÖWE:
# SCHEISS DRAUF!

**Wie ich *fast* aufhörte, nett zu sein**

*Wenn jemand mit dir streiten will, Kekse essen.*
*Die schmecken gut, und man hört nichts mehr.*

*Krümelmonster*

LEA BLUMENTHAL

# MACH'S WIE DIE MÖWE SCHEISS DRAUF!

Wie ich
(fast) aufhörte
nett zu sein

# INHALT

**VORWORT:** Auf die Plätze, fertig ... lächeln! Warum es
Menschen gibt, die einfach keine Konflikte führen können    **6**

**KAPITEL 1:** Wer der Herde folgt, hat nur Ärsche vor sich:
Warum wir (trotzdem) zur Gruppe dazugehören wollen    **15**

**KAPITEL 2:** Jedem Tierchen sein Pläsierchen: Von
Gorillas, Ziegen und Hasen    **33**

**KAPITEL 3:** „Pew-Pew, Madafakas!" Warum manche
schneller schießen als ihr Schatten und andere lieber ihre
Zunge verschlucken    **54**

**KAPITEL 4:** Nabelschau: You can get a girl out of the
Spice Girls – but you can never get the Spice Girls out of a girl    **73**

**KAPITEL 5:** Diplomatenstatus: Warum es gut ist, wenn
einer die Stimmung im Blick behält    **87**

**KAPITEL 6:** Everybody's darling is everybody's Depp:
Raus aus dem Dramadreieck    **102**

**KAPITEL 7:** Wer Ja sagt, muss auch Nee sagen: Warum
es uns so schwerfällt, unsere Meinung zu vertreten    **115**

**KAPITEL 8:** Kleine Gefallen erhalten die Freundschaft:
Reziprozitätsnorm oder das Wunder der Gegenseitigkeit    **131**

**KAPITEL 9:** Vor dem Streit ist nach dem Streit: Warum
es manchmal besser ist, die Klappe aufzumachen, anstatt
alles in sich reinzufressen    **145**

**KAPITEL 10:** „Ich will so streiten, wie ich bin": Sich
selbst die Erlaubnis geben, auch mal unbequem zu sein    **160**

**KAPITEL 11:** Du musst nicht von allen gemocht werden:
Der eigenen Harmoniesucht ein Schnippchen schlagen und
es endlich richtig krachen lassen    **172**

**ANHANG**    **182**

# VORWORT

## Auf die Plätze, fertig ... lächeln!
## Warum es Menschen gibt, die einfach keine Konflikte führen können

„Fräulein Blumenthal! Na, immerhin erwische ich Sie endlich persönlich."

Ich stehe in der Tür und mustere das missmutige Gesicht unserer Nachbarin. Frau Pressel hat eigentlich immer etwas zu meckern. Entweder das Wetter passt ihr nicht (wahlweise ist es ihr zu warm, zu kalt, zu feucht, zu trocken oder „zu Hamburg", die neuen Mieter im Dachgeschoss sind in ihren Augen unzumutbar (zu jung, zu laut, zu vegan), und dass die Stadtwerke schon wieder die Tarife erhöht haben, grenzt an Schikane. Wann immer es mir möglich ist, gehe ich Frau Pressel aus dem Weg. Auch wenn das bedeutet, dass ich drei Minuten in voller Wintermontur hinter der Wohnungstür stehe, während sie die Treppe hinabkommt und dabei jeden Staubkrümel kritisch kommentiert.

Diesmal kann ich nicht hinter der Tür warten, bis sie weg ist. Ich habe sie geöffnet, weil Frau Pressel geklingelt hat, und nun stehe ich hier und mache mich auf alles gefasst.

Ihr Blick richtet sich auf mein Gesicht. Dann wandert er anklagend nach unten, gleich rechts neben unseren Fußabstreifer, wo meine Joggingschuhe stehen. „Das ist kein schöner Anblick", stellt sie fest und zieht hörbar die Luft durch die Nase ein.

*Sie sollten mich mal beim Joggen um die Alster sehen,* denke ich, *das ist kein schöner Anblick.*

Natürlich spreche ich diesen Gedanken nicht aus, sondern lächle Frau Pressel hoffentlich entwaffnend an. Lächeln ist eine Art urzeitlicher Reflex, mit dem mein Gehirn immer dann reagiert, wenn ich mit einem Problem oder einem problemverursachenden Menschen konfrontiert werde – wohl in der Hoffnung, die Stimmung damit zu verbessern. Auch wenn ich mittlerweile weiß, dass ein verkrampftes Dauergrinsen eher zu einer Depression führen kann. Das hat ein Psychologe aus Japan herausgefunden, und als Forscher aus dem Land des kulturell bedingten Perma-Lächelns muss er ja schließlich wissen, wovon er spricht.[1]

Frau Pressel ist von meinen Bemühungen nicht beeindruckt und lächelt nicht zurück. Stattdessen holt sie noch einmal tief Luft und sagt: „Wenn ich nach einem langen Arbeitstag nach Hause komme, Fräulein Blumenthal, möchte ich nicht von Ihren ...", sie zögert, sucht nach dem richtigen Wort, „... abgelatschten, dreckigen Laufschuhen begrüßt werden. Sehen Sie es mir bitte nach."

Das Lächeln in meinem Gesicht ist immer schwerer zu halten. Ich erwäge, eine Ohnmacht vorzutäuschen. Auch totstellen ziehe ich in Betracht. Es gibt einige Tiere, die so sehr erfolgreich ihr Überleben sichern.

„Außerdem gibt es ein Brandschutzproblem", fährt sie ungerührt fort, als sie merkt, dass ich zu keiner Reaktion imstande bin. „Wenn es brennen sollte, und ich müsste aus meiner Wohnung flüchten, könnte ich über Ihre Schuhe fallen und mir wer weiß was brechen. Und dann läge ich da im Hausflur, während das Feuer um mich wütet. Sie sehen, das geht so nicht."

Langsam zerbröselt mir das Lächeln im Gesicht. Vermutlich sieht es gar nicht mehr wie ein Lächeln aus, sondern wie eine Fratze aus einem der Ölschinken Goyas.[2] Und sicher dauert es nicht mehr lange, bis die Depression kommt. Schließlich räuspere ich mich leise. „Frau Pressel", setze ich vorsichtig an, doch ihr erhobener Zeigefinger bringt mich sofort zum Schweigen. Jetzt wünsche ich mir kein mobiles Erdloch mehr, in dem ich versinken könnte, sondern die Fähigkeit, mit der Raufasertapete des Hausflurs zu verschmelzen.

„Ihre Laufschuhe könnten mich das Leben kosten!"

Eine Stimme in meinem Inneren sagt: *Ja, oder die Tatsache, dass Sie am Tag zwei Schachteln Zigaretten rauchen und regelmäßig vor dem viel zu lauten Fernseher einschlafen – was wir selbst mit Ohrenstöpseln ein Stockwerk drunter noch hören –, vermutlich mit einer Kippe in der Hand. Was dann auch eine Gefahr für unser Leib und Leben wäre.*

Leider scheint die Verbindung zwischen der Stimme in meinem Ohr und meinem Sprachzentrum vollständig abgebaut. Denn anstatt irgendetwas Angemessenes, Abwägendes, Ablehnendes oder auch Unfreundliches zu sagen, zwinge ich meine Mundwinkel dazu, sich wieder an meinem Hinterkopf zu treffen, und flöte: „Aber natürlich, Frau Pressel. Ich lasse die Schuhe nicht mehr im Flur stehen." Ich bücke mich, hebe die verdreckten Schuhe an und stelle sie in die Wohnung, wo sie sofort einen erdverschmierten Fleck auf dem Parkett hinterlassen.

„Sehen Sie? Warum nicht gleich so", freut sich Frau Pressel und dreht sich um.


Es gibt Menschen, die sagen ihre Meinung. Sogar dann, wenn sie wissen, dass sie damit eine bestimmte Reaktion provozieren. Mein Freund Boris ist so ein Fall. Wenn dem was nicht passt, macht er den Mund auf, sagt, was er denkt, und die Sache läuft. Er hat überhaupt kein Problem, anzuecken oder sich anzulegen, weder mit Leuten, die er sehr gut kennt (vorzugsweise mit mir), noch mit Personen, die ihm am Allerwertesten vorbeigehen. Vermutlich heißt er nicht ohne Grund, wie er heißt. *Boris* ist eine Abkürzung des slawischen Borislaw, dessen erster Wortteil „Kampf" und dessen zweiter Wortteil „Ruhm"[3] bedeutet. Ruhm durch Kampf. Klar, dass er keiner Konfrontation aus dem Weg geht und Menschen in seiner Umgebung gern mit spitzen Bemerkungen reizt, obwohl er im Grunde seines Herzens nicht einer Fliege etwas zuleide tun könnte und ein wirklich guter, liebenswerter Typ ist.

Und dann gibt es mich. Lea Blumenthal, steil auf die 40 zugehend, mitten im Leben stehend und unfähig, Konflikte zu führen. Ich bin einfach zu nett, wenn ich es mir recht überlege. Kann auch am Namen liegen. *Lea* stammt aus dem Hebräischen und bedeutet wahlweise „Kuh" oder „die sich Mühe gibt"[4]. Aber das nur am Rande.

Das Perfide ist: Die Konflikte finden mich, egal, wie gut ich mich vor ihnen verstecke. Manchmal habe ich das Gefühl, dass in meinem Körper ein unsichtbarer GPS-Sender implantiert ist, der all den Krawallbürsten und Krachmachern da draußen zuverlässig verrät, dass sie bei mir leichtes Spiel haben. Am schlimmsten sind für mich die Weihnachtsfeiertage, wenn ich bei meiner Familie bin und die Stimmung jeden Moment zu kippen droht, weil mein Vater auf unsere Bedürfnisse pfeift, meine Mutter vollkommen gestresst in der Küche steht und sich trotzdem nicht helfen lässt und alle einfach nur furchtbar angestrengt sind, weil sie bitte jetzt sofort in besinnlicher Festtagsstimmung sein sollen. Gruselig. Deswegen machen Boris und ich an Weihnachten oft Urlaub – allerdings erzähle ich meiner Mischpoke, dass es mit den vielen freien Tagen zusammenhängt, für die man sich nicht extra Urlaub nehmen muss. Denn im Grunde meines Herzens möchte ich nur in Harmonie leben. Ich möchte nicht von Menschen umgeben sein, die mir andauernd die Meinung geigen, um die ich nicht gebeten habe. Ich verstehe ehrlich gesagt noch nicht einmal, warum so viele Leute überhaupt so viele Meinungen haben, die sie in einem fort kundtun. Vielleicht hat uns das Internet dazu erzogen, wo wir unter dem Deckmäntelchen der Anonymität als kotzbrocken_81 unsere schlechte Laune in die Welt pusten dürfen. Vielleicht haben wir aber auch einfach verlernt, nett zu sein. Uns zurückzunehmen. Einfach mal die Schnauze zu halten, weil wir nichts Adäquates zu sagen haben oder die Stimmung nicht versauen wollen. Schade. Ich finde nämlich, wir könnten alle eine riesige Portion Nettigkeit in unserem Leben vertragen.

Das Problem ist, dass ich diese Lanze momentan recht einsam vor mir hertrage. Dabei kann ich mir nicht vorstellen, dass es da draußen wirklich Leute gibt, die sich gern fetzen. Die Regale voller Aktenordner haben, in denen sie die Gerichtsunterlagen ihrer unzähligen Klagen und Gegenklagen verwahren wie eine wertvolle Briefmarkensammlung. Die mit ihren Familien brechen, weil sie nicht einsehen, ein Siebtel der Bestattungskosten für Oma zu übernehmen, wo ihnen doch ein Drittel des Erbes zusteht. Die morgens in den Spiegel schauen und ein unfreundliches Gesicht erblicken, das sie in exakt diesem Zustand nur eine Stunde später der Welt präsentieren, und dabei geht es ihnen am Arsch vorbei, ob sie gemocht werden oder nicht.

Wer will so was?

Ich nicht. Ich möchte gemocht werden. Und mit einem wohl-wollenden Blick auf mein Umfeld schauen. Ich möchte ruhig und besonnen reagieren und mit einem Lächeln durch die Welt gehen. Harmonie als Dauerzustand – das wäre genau meins. Trotzdem gibt es Momente, da finde ich meinen Zwang, Auseinandersetzungen und Meinungsverschiedenheiten großräumig aus dem Weg zu gehen, einfach nur zum Kotzen. Da nervt es mich, dass ich die Flucht ergreife, anstatt mich breitbeinig aufzustellen und die Arme in die Seiten zu stem-men wie Wonder Woman. Vor allem strengt es mich an, dass ich mich nicht nett verhalte, weil ich es will, sondern weil ich nicht anders kann. Das stürzt mich dann nämlich gleich in den nächsten Konflikt, und zwar mit mir. Ich bin zwar nett, aber nicht gern im Streit mit mir.

Blöd nur, dass es Leute wie Frau Pressel gibt. Und Boris.

Als ich zurück ins Wohnzimmer komme und meinem Freund von Frau Pressels Auftritt erzähle, zieht er die Augenbrauen zusammen und knurrt: „Deine Schuhe kommen NICHT in die Wohnung, wenn sie so dreckig sind. Die bleiben schön im Flur stehen."

„Ja, aber die Brandschutzbestimmungen ...", setze ich an, werde jedoch rüde unterbrochen.

„Die gelten auch für die alte Schachtel und ihren Gummi-baum, an dem man sich auf dem Weg zum Dachboden immer vorbeidrücken muss. An dem bin ich schon dreimal hängen geblieben."

Zerknirscht und mit hängenden Schultern gebe ich zu: „Ich habe ihr schon gesagt, dass die Turnschuhe aus dem Hausflur verschwinden."

Boris sieht mich einen Moment lang fassungslos an. „Deine Harmoniesucht ist echt zum Davonlaufen."

„Ich bin nicht harmonie*süchtig*!", begehre ich auf und lasse mich aufs Sofa fallen, sodass die Kissen zittern. In Gedanken füge ich hinzu: Zumindest würde ich das niemals vor dir zugeben.

„Nee, nee, klar." Dann sieht er mich an und lacht. „Was soll das dann sein, eine zu stark ausgeprägte Beißhemmung[5]?" Er schaut auf den Hund, der Hund schaut aus treudoofen Augen zurück. Wenigstens einer auf meiner Seite. „Die Weigerung, Konflikte jedweder Art einzugehen, und die Unfähigkeit, Nein zu sagen, könnte man schon als Harmoniesucht interpretieren. Nur als kleine gedankliche Anregung."

„So ein Quatsch", schmolle ich. „Ich mag halt keinen Streit."

„Niemand mag Streit", sagt Boris und nimmt mir das Kissen weg, das ich mir gerade unter den Arm gestopft habe.

„Du schon."

„Nein."

„Doch."

„Ich sagte: nein."

„Okay."

Boris schaut mich ungläubig an und fängt schließlich an zu lachen. Er lehnt sich in meine Richtung, zieht mich zu sich und gibt mir einen Kuss. „Liebling, du bist alles Mögliche, doch konfliktfähig bist du nicht. Macht aber nix. Hast ja andere Talente."

„Pah!", mache ich. Und dann sage ich nichts mehr. Schließlich will ich keinen Streit vom Zaun brechen. Und sooo falsch liegt Boris mit seiner Einschätzung nicht, auch wenn er natürlich übertreibt.

Ich mag keinen Streit. Na und? Das ist doch nun wirklich keine schlechte Eigenschaft. Meinungsverschiedenheiten, Konflikte, Stänkereien – alles nicht meins. Ich weiß auch nicht, warum das so ist. Aber das ist auch gar nicht wichtig. Die Welt kann Friedensstifter brauchen. Krawallbürsten gibt es schließlich genug. Außerdem geht alles, wirklich ausnahmslos alles auch in harmonisch. In meinen Augen sind Leute, die sich streiten, nicht in der Lage, sich wie Erwachsene zu verhalten. Stattdessen kleben sie in irgendeinem der sieben Höllenkreise fest, vorrangig in dem, in dem sie ihre Wut nicht kontrollieren können. Ich habe so etwas eben nicht nötig. Die klügere Zahnbürste gibt nach. Ich muss mich nicht streiten, um mich durchzusetzen. Ich habe gute Argumente. Und bin überzeugend. Und ...

„Du? Boris."

Er schaut nicht vom Fernseher weg. „Hm?"

„Findest du wirklich, ich bin harmoniesüchtig?"

Er schaut mich an. In seinem Blick erkenne ich Zuneigung und ... Mitleid?

„Ich kann auch anders!", drohe ich.

Boris stellt den Ton leiser und dreht sich zu mir. „Okay, dann zeig es mir."

„Wie ... jetzt?"

„Ja."

Oh nein. Was habe ich getan? „Okay, wie?"

„Du gehst jetzt hoch zur Pressel und sagst ihr, dass deine Schuhe im Flur stehen bleiben. Brandschutz hin oder her. Und wenn sie darauf besteht, muss der Gummibaum auch weg."

Ich reiße erschrocken die Augen auf. Mein Herzschlag beschleunigt sich, mein Mund wird trocken und nervös fange ich an, meine Hände zu kneten. „Kann ich eine andere Aufgabe haben?"

„Nein."

„Bitte."

„Nein."

„Okay."

Auffordernd sieht er mich an. „Also los. Beweise es mir." Mit weichen Knien stehe ich vom Sofa auf, schleiche aus dem Wohnzimmer wie ein geprügelter Hund und werfe Boris einen letzten, hoffnungsvollen Blick zu. Der schaut aber schon wieder zum Fernseher und nimmt keine Notiz mehr von mir.

Lautlos ergebe ich mich meinem Schicksal. Ich gehe aus der Wohnung. Die Tür lasse ich sicherheitshalber angelehnt. Falls ich flüchten muss und mir die Pressel in den Flur folgt, will ich nicht erst den richtigen Schlüssel finden müssen. In meinem Kopfkino legt der Filmvorführer einen schrecklichen Clip nach dem anderen in den Projektor: Frau Pressel, die sich vor mir aufbaut und mir die Leviten liest. Frau Pressel, die mich in Grund und Boden brüllt. Frau Pressel, die nie wieder ein Wort mit mir spricht. Mich bei der Hausverwaltung anschwärzt. Uns das Kündigungsschreiben persönlich überreicht. Ich lege mir Sätze zurecht. Alle fangen mit „Liebe Frau Pressel ..." an, und keiner endet mit einem Ausrufezeichen.

Noch während ich nachdenke, erreiche ich die nächste Etage. Eine Minute oder länger stehe ich vor der Wohnungstür. Sie ist nur angelehnt, vermutlich damit der kalte Zigarettenrauch ins Treppenhaus abzieht. Mir ist schlecht. Dann drücke ich die Klingel.

# KAPITEL
# 1

# Wer der Herde folgt, hat nur Ärsche vor sich: Warum wir (trotzdem) zur Gruppe dazugehören wollen

„Na? Wie war's?" Boris sieht mich abwartend und mit einem breiten Grinsen im Gesicht an. Zumindest einer, der sich amüsiert. „Hast du ihr gezeigt, wo der Frosch die Locken hat?"

Ich lasse mich aufs Sofa sinken, in ausreichendem Abstand zu Boris. „Ja."

Er wartet ab. Als ich nicht reagiere, lässt er sich zurück in die Couch fallen. „Ich wusste es. Harmoniesucht. Es ist hoffnungslos."

Ich vergrabe mein Gesicht in den Händen. „Ich habe es *wirklich* versucht. Wirklich."

„Hmhm. Und die Turnschuhe?"

Ich werfe ihm einen unsicheren Blick zu.

„Der Gummibaum?"

Ich wende den Blick ab.

„Och, Lea!", seufzt er bedeutungsvoll und auch ein wenig enttäuscht.

Ich räuspere mich. „Da wäre noch etwas. Ich soll dich darum bitten, nicht immer so eng an ihrem Auto zu parken. Es ist ja schließlich genug Platz für alle da."

Für einen Moment ist es ganz ruhig. Dann sehe ich, dass Boris' Ader an der Schläfe zu pulsieren beginnt. Er springt vom Sofa, rennt aus dem Wohnzimmer, greift nach dem Schlüssel. Ich will ihm hinterher, ihn aufhalten, aber überrascht stelle ich fest, dass er gar nicht hoch zu Frau Pressel will – sondern in den Hof. Vom Küchenfenster aus verfolge ich, wie Boris sein Auto aus der Parklücke fährt und so eng wieder einparkt, dass Frau Pressel morgen unmöglich auf der Fahrerseite einsteigen kann.

Ein sehr zufriedener Boris kommt eine Minute später wieder in die Wohnung. Meine dreckigen Turnschuhe stellt er demonstrativ vor die Wohnungstür.

„Boris, was soll denn das?", versuche ich zu retten, was noch zu retten ist. „Das gibt doch nur Ärger!"

Er grinst von einem Ohr zum anderen. „Ja, eben. Ich freu mich schon."

Am darauffolgenden Nachmittag verlasse ich das Haus. Ich möchte nicht dabei sein, wenn Boris und Frau Pressel bei ihrer Heimkehr von der Arbeit aneinandergeraten, außerdem bin ich mit Tina zum Joggen an der Alster verabredet. Dass ich freiwillig und in flottem Schritt zum vereinbarten Treffpunkt hopple, sagt viel über meinen Wunsch aus, der Situation zu Hause aus dem Weg zu gehen. Denn ich hasse Joggen. Normalerweise komme ich mindestens fünf Minuten zu spät, weil ich auf dem Sofa nach Ausreden suche, weshalb ich heute leider nicht kann. Und raffe mich am Ende doch auf, denn die Vorstellung, Tina anzulügen, macht mich beinahe krank.

Dabei bin ich eine notorische Lügnerin. Zumindest was das Joggen angeht.

Irgendwie wurde die Sache zum Selbstläufer (zumindest die Verabredung – das Selbstlaufen ergo Joggen klappt nämlich auch nach einem halben Jahr noch nicht!). Tina und ich trafen uns auf einen Café, beschwerten uns beide über unsere Figuren und unsere Unsportlichkeit, die mit zunehmendem Alter ja nicht unbedingt besser wird, und plötzlich sagte Tina:

„Du, lass uns doch einfach einmal die Woche zusammen um die Alster laufen. Das täte uns doch beiden gut, und wir würden uns regelmäßig sehen."

Ich war begeistert. Denn auch, wenn ich Joggen nichts abgewinnen kann, finde ich Spaziergänge voll okay. Nur leider meinte Tina keine Spaziergänge. Das kapierte ich in dem Moment, als sie mir am darauffolgenden Mittwoch etwa 20 Minuten vor unserem Treffen ein Selfie von sich schickte. Darauf war Tina in athletischen Trainingsklamotten zu sehen, wie sie vor dem Spiegel steht und das Victory-Zeichen macht. „Bereit für unseren ersten Run!", stand unter dem Bild.

Mir wurde kurz ein wenig schwindelig. „Scheiße!", rief ich laut in die Wohnung. „Tina will gar nicht spazieren, sondern joggen gehen!"

Boris trat aus der Küche, einen Joghurtbecher in der Hand, aus dem er gerade löffelte. „Und jetzt?"

Ich raste ins Schlafzimmer. „Der da muss hierbleiben."

Der Hund legte den Kopf schief und fiepste.

„Und ich muss mich umziehen!"

„Aber du hasst Joggen. Hast du überhaupt die richtigen Klamotten?", rief er mir hinterher.

„Irgendwo, ja", antwortete ich aus den Tiefen meines Kleiderschranks, während ich eine garantiert viel zu eng sitzende Laufhose aus der Versenkung holte, die ich mir einmal in der Annahme gekauft hatte, eines Tages sportlich zu werden. Leider ist aus dem guten Vorsatz damals nichts geworden, was sich auch in meiner Figur widerspiegelt. Zum Glück ist Spandex dehnbar.

Drei Minuten später hatte ich auch ein paar Joggingschuhe gefunden und zwängte mich hinein. Als ich in den Hoodie schlüpfte, den Boris nicht mehr anzieht und den ich für gewöhnlich zum Gammeln auf der Couch anziehe, schaute er mich fragend an.

„Wieso sagst du ihr nicht einfach, dass ihr euch missverstanden habt?"

Ich hielt beim Schuhezubinden inne und überlegte. Das wäre natürlich eine Möglichkeit. Nur dass ich Tina damit sicher enttäuschen würde. Und sie würde denken, ich sei eine faule Kartoffel (was stimmt). Und dass ich mich nicht an Vereinbarungen halte (was nicht stimmt, meistens).

„Ach, Quatsch", erwiderte ich leichthin. „Ist vielleicht genau der Schubs in die richtige Richtung."

Boris sah mich an und grinste. „Na dann."

Während ich nun, ein halbes Jahr später, an die Alster laufe, kaue ich gedanklich auf Boris' Frage von damals herum. Es ist doch erstaunlich, wie sehr ich die Auseinandersetzung fürchte, sogar mit einer Freundin, die mir garantiert nichts Böses will. Allein beim Gedanken daran, Tina zu enttäuschen und ihr zu sagen, dass ihr super Plan auf der Grundlage eines eklatanten Missverständnisses entstanden ist, bringe ich einfach nicht übers Herz. Und jetzt ist es auch irgendwie zu spät, um mit dieser nicht unerheblichen Kleinigkeit um die Ecke zu kommen. Ein halbes Jahr Qualen habe ich schon investiert – die dürfen doch nicht umsonst gewesen sein. Vielleicht kommt die Lust ja noch. Ganz bestimmt. Ich muss nur fest genug dran glauben.

Von Tina weiß ich, dass man das den Concorde-Effekt oder noch schöner „Irrtum der versunkenen Kosten"[6] nennt: Man investiert weiter in etwas, obwohl es sich eigentlich nicht mehr lohnt. Das geht im Übrigen nicht nur Harmoniesüchtigen so und passiert an der Börse, in Beziehungen und beim Hausbau wohl häufiger, als man denkt. Aufgeben ist keine Option, man wurschtelt sich weiter durch, stopft noch mehr Zeit, Geld und Energie in das Projekt, auch wenn es zum Scheitern verurteilt ist. Davon will ich natürlich nichts wissen. Selbst wenn der Volksmund sagt: Wenn du ein totes Pferd reitest, steig ab. Aber noch treibe ich den lahmen Gaul aka meinen Körper um die Alster! Wäre doch gelacht, wenn der Knoten nicht noch platzen würde.

„Du und deine Harmoniesucht", höre ich Boris in meinem inneren Ohr lästern.

Ganz ehrlich, er ist jetzt nun nicht unbedingt mein bester Berater in dieser Angelegenheit. Ein Typ, der quasi als einzigen Gang den Konfrontationskurs kennt und Streitbarkeit als zweiten Namen angeben könnte, ist doch kein Vorbild für Menschen wie mich. Ich bin das fleischgewordene Ausweichmanöver! Manchmal entschuldige ich mich sogar, bevor irgendwas passiert ist. Wie jetzt.

„Können Sie ein Stück zur Seite gehen?", fragt mich eine Mutter mit Doppelkinderwagen und hechelndem Dalmatiner an der Leine, als ich auf der schmalen Verkehrsinsel stehe und auf das Umschalten der Ampel warte.

„Natürlich", sage ich und schiebe automatisch hinterher: „Entschuldigung."

„Schon okay", sagte sie großzügig, als würde ihr die Verkehrsinsel gehören und ich wäre nur ein geduldeter Gast.

Es wird grün, die Frau läuft los, ich schaue ihr hinterher. Wieso bin ich so? Ich meine, ich muss sie ja nicht gleich anpöbeln, weil sie anderthalb Meter meines Lebensraums mit ihrem Doppelschlitten und dem riesigen Hund einnimmt. Aber entschuldigen muss ich mich doch auch nicht. Oder?

„Das Bedürfnis nach Harmonie ist uns in die Wiege gelegt", erklärt Tina, als wir zehn Minuten später nebeneinanderher joggen. Sie ist Psychologin, was manchmal gut und manchmal blöd ist, je nachdem, ob ich gerade Lust habe, mich mit mir und meinem Leben auseinanderzusetzen. Tina hat mir schon so manche Mechanismen in meinem Oberstübchen erklären können, die ich für unerklärlich hielt. Dank ihr kenne ich das Edwards-Gesetz[7], das mir verständlich macht, warum man mehr reinhaut, wenn die Deadline näher rückt, weiß, weshalb ich von Selbstzweifeln geplagt werde, obwohl ich beruflich durchaus erfolgreich bin (die Wissenschaft hat den schönen Namen Impostor- oder Hochstapler-Syndrom[8] dafür gefunden), wieso ich gern den Hund streichle (dabei wird ein Bindungshormon namens Oxytocin ausgeschüttet, das dafür sorgt, dass der Hund und ich uns gut fühlen)[9] und warum ich Migräne bekomme, nachdem ich mit jemandem gestritten habe (werden zu viele Stresshormone im Organismus ausgeschüttet, kann dieser die Migräne als eine Art „Überdruckventil" nutzen und so Anspannung abbauen).[10] Nur weshalb ich mich jeden Mittwoch mit ihr zum Joggen verabrede, obwohl ich Joggen gar nicht mag, habe ich noch nicht erfahren – was jedoch daran liegen könnte, dass ich diesen klitzekleinen Umstand Tina gegenüber nie erwähnt habe. Stattdessen tue ich immer sehr enthusiastisch und beteuere Woche um Woche, wie gut ich mich nach dem Joggen fühle.

In Wahrheit ist das Gegenteil der Fall. Am Donnerstag habe ich den Eindruck, dass ich aus Versehen im Körper einer Hundertjährigen gelandet bin. Am Freitag spüre ich zum ersten Mal meine Gliedmaßen von der Hüfte abwärts wieder, vorrangig einen unerträglichen Schmerz. Bis Sonntag laufe ich wie auf rohen Eiern und halte bei jedem Aufstehen vom Stuhl die Luft an. Erst am Montag fühle ich mich wieder einigermaßen wie ich selbst, wobei am Dienstag das Entsetzen darüber, dass es einen Tag später zur nächsten 8-Kilometer-langen Tortur um die Alster geht, für prophylaktische Phantomschmerzen in allen Körperteilen sorgt. Und das alles seit mehr als sechs Monaten. Ich glaube, ich kann mittlerweile mit Fug und Recht behaupten, dass Joggen nicht meine Sportart ist.

Allerdings wird Tina das niemals erfahren. Dafür hab ich den Moment verpasst, ihr die Wahrheit zu sagen. Wofür mich Boris natürlich regelmäßig auslacht.

Tina sagt: „Wir wollen niemanden verletzen, weil wir fürchten, aus der Gruppe verstoßen zu werden. Vor Tausenden von Jahren bedeutete das unseren sicheren Tod."

Ich glaube nun nicht unbedingt, dass ich sofort ins Gras beißen würde, wenn ich mal versuchen würde, einen Konflikt einzugehen oder meine Meinung zu sagen ... aber wissen kann man es nicht.

„Unsere soziale Umgebung sorgt aber nicht nur für Sicherheit", fährt Tina fort, „sondern auch für einen stabilen Selbstwert. Wenn ich gemocht werde, bin ich gut. Bei Harmoniesüchtigen ist es jedoch anders, sie haben einen inneren Drang, keine Konflikte einzugehen, um niemals in Ungnade bei jemandem zu fallen. Frei nach dem Motto „Wenn ich nicht gemocht werde, bin ich nicht richtig". Sie streben nach Eintracht, Harmonie und Freundlichkeit – auch dann, wenn es schon längst nicht mehr angebracht ist."

Das kommt mir bekannt vor. Ob etwas angebracht oder nicht ist, ist dem uralten Reflex bestimmt herzlich egal. „Wie wird man harmoniesüchtig? Mal abgesehen von den Genen?", japse ich.

„Es ist auch eine Frage der Sozialisation", spricht Tina weiter, kein bisschen außer Atem, während meine Lunge schon pfeift wie die Panflöte von Michael Hirte. „In Familien, in denen Konflikte gern unter den Tisch gekehrt statt ausgetragen werden, ist es schwer, konfliktfähig zu werden."

Siehste, denke ich und sage nichts, auch weil ich nicht kann, denn ich habe keine Luft dafür. Es stimmt natürlich, in meiner Familie werden und wurden keine Konflikte ausgetragen. Meine Mutter merkte sich stattdessen all unsere Verfehlungen, um sie uns Jahre später in irgendeinem thematisch vollkommen anders gearteten Streit vorzuwerfen. Ich nenne es die Rabattmarkenheft-Methode: Man sammelt so lange, bis man alle Rabattmarken ergo Verfehlungen anderer eingeklebt hat, und marschiert eines Tages damit zur Kasse, um das Messerset zu bekommen. Mit meiner Mutter ist in einem Moment, in dem ihr Rabattmarkenheft gefüllt ist und sie es zur Einlösung vorlegt, ohnehin nicht mehr zu reden. Sie rattert dann einfach alle Fehltritte der letzten Jahrzehnte runter und gibt einem das Gefühl, ein durch und durch missratenes Exemplar der Gattung Mensch zu sein – was ziemlich elegant vom eigentlichen Konflikt ablenkt.

Mein Vater beendet Diskussionen auch gern mal mit einem „Ich möchte, dass du dich jetzt entfernst", wenn er keine Lust mehr aufs Reden hat. Überhaupt steht er allem, was ich tue, ziemlich kritisch gegenüber. Und hat für meinen Geschmack oft mehr Meinung als Ahnung, aber das ist ein anderes Thema.

Meine Schwestern sind ihrerseits selbst so außer sich und aufgeregt, wenn sie mit mir streiten müssen, dass wir uns vor lauter Verständnis füreinander oft kaum vom Fleck bewegen und den ganzen Groll und Ärger lieber wieder mit nach Hause schleppen.

Ja, man könnte sagen, meine Familie ist nicht unbedingt ein Paradebeispiel für Konfliktlösungskompetenz. Der Einzige, mit dem ich wirklich manchmal Zoff habe, ist Boris. Aber nur ein bisschen. Eher ein Zöffchen.

Obwohl ich die Älteste von drei Schwestern bin und bei so manchen Dingen als menschlicher Rammbock diente (etwa wenn es darum ging, wie lange man als 16-Jährige ausgehen oder ab wann der erste Freund bei einem übernachten darf), tat ich dies nie mit lauten Worten, sondern stets mit Argumenten und dem Versuch, verstanden zu werden. Ich legte meinen Eltern in buchhalterischem Eifer dar, wieso es wichtig für meine sozialen Kompetenzen sei, zu einer bestimmten Party zu gehen und dort auch zu übernachten, und überzeugte sie davon, Clemens in meinem Bett schlafen zu lassen, indem ich an ihre eigene Jugend appellierte. Den typischen pubertären Trotz ließ ich einfach aus und wurde sofort zur braven und vernünftigen Langweilerin. Und das hat viel mit meinem Harmoniebedürfnis zu tun.

Ich kann mich an keine Zeit in meinem Leben erinnern, in der ich gern an einem Konflikt teilgenommen hätte. Weder als Kind noch als Jugendliche noch als Erwachsene. Ganz im Gegenteil, wenn es irgendwo Knatsch, Ärger oder Streit gab, machte ich mich sofort aus dem Staub. Oder versuchte, mich unsichtbar zu machen oder in eine seltene Raupenart zu verwandeln, die Mimikry beherrscht. Meine Angst vor Konflikten ging sogar so weit, dass ich es in meiner Pubertät, das war so etwa in den Neunzigern, nicht einmal ertrug, Gerichts- oder Talkshows von Arabella Kiesbauer und Konsorten im Fernsehen anzuschauen. Es machte mich vollkommen kribbelig, wenn ich dabei zusehen musste, wie sich Menschen freiwillig ins Fernsehen setzen und öffentlich stritten. Für eine Weile war das ein richtig großes Problem, immerhin gab es in den Neunzigern eigentlich nur Sendungen im Fernsehen, in den geschrien, gezankt oder heftig diskutiert wurde. Außerdem gab es noch kein Netflix, das einem den Luxus gegönnt hätte, sich das Programm einfach auszusuchen. Man schaute eben das, was auf ProSieben, SAT.1 und RTL im Nachmittagsprogramm so lief. Was bedeutete, dass ich irgendwann gar kein Fernsehen mehr schaute. Es war mir einfach zu stressig.

Erst später, im Studium mit dem Hauptfach Populärkultur, kam ich wieder mit Gerichtssendungen in Kontakt. Blöderweise wurden die nämlich in einem meiner Seminare besprochen. Natürlich litt ich Todesqualen, als ich mir die Sendungen anschauen musste. Doch mein ziemlich schlauer Professor erklärte uns, dass Sendungen wie diese nicht nur dem reinen Sadismus des Zuschauers oder Masochismus des Teilnehmers dienen, sondern tatsächlich einen (wenn auch sehr gut verborgenen) pädagogischen Zweck haben: Die Zuschauer lernen durch solche Sendungen, wie Auseinandersetzungen funktionieren. Oder eher nicht funktionieren. Genauso wie man in Datingshows als Zuschauer unbemerkt mitleidet, mitentscheidet und so antizipiert, was man beim Dating alles falsch und richtig machen kann. Im Grunde ist die ganze Popkultur so aufgebaut: Sie spiegelt uns unser Verhalten im realen Leben, nur eben zugespitzt und unterhaltend.

Leider hat mir das unfreiwillige Betrachten von Gerichts-shows weder damals noch heute etwas gebracht. Konflikte kann ich nämlich immer noch nicht.

„Solange das Bedürfnis nach Harmonie nicht wirklich zum Problem wird ..." Tina lässt den Rest des Satzes verklingen.

„Was ... meinst ... du ... damit?", hechle ich schnappatmend und versuche, wieder zu ihr aufzuschließen. Ich könnte mich auch sechs Monate später noch dafür ohrfeigen, dass ich mich auf diese Joggingsache eingelassen habe.

„Ich habe einen Freund, den hat sein Harmoniebedürfnis wirklich in die Scheiße geritten. Der kam mit einer Frau zu-sammen und traute sich nicht, ihr nach ein paar Monaten zu sagen, dass er eigentlich gar keine Beziehung mit ihr wollte. Sie ahnte nichts, plante das Zusammenziehen, die Hochzeit und das ganze Pipapo."

Heiliger Bimbam, denke ich und empfinde spontan Mitleid für den Mann. Und, Hand aufs Herz, so ganz unbekannt ist mir die Problematik nicht. Zwar habe ich noch niemanden ge-heiratet, weil ich mich nicht getraut habe, vorher Schluss zu machen, aber ich war durchaus schon länger in Beziehungen, als ich eigentlich wollte, weil ich nicht wusste, wie ich wieder rauskomme, ohne meinen Partner zu verletzen. Ich war be-scheuert genug, darauf zu warten, dass sich das Problem von allein löst – als wäre eine Beziehung wie schlechtes Wetter, das nach ein paar Tagen einfach weiterzieht, oder ein Schnup-fen, der nach einer Woche wieder abklingt.

Das Gute war, dass mir in der Zeit des Wartens jedes Mal genug Gründe einfielen, warum ich und der jeweilige Mann keine Zukunft hatten, und irgendwann fing ich an, mich so merkwürdig zu verhalten, dass meinem Freund die Lust verging, länger mit mir zusammen zusammen zu sein. Warum kompliziert, wenn es auch einfach geht?

Wir bleiben kurz stehen, um uns zu dehnen. Also, Tina dehnt sich. Ich tue so als ob und gebe mir Mühe, meinen Atem wieder zu beruhigen. Mir ist aufgefallen, dass Tina etwas langsamer läuft, wenn sie redet. Das muss ich zu meinen Gunsten nutzen.

„Wie ging es aus?", frage ich.

„Tja. Sie haben mittlerweile ein Kind bekommen und ein Haus gekauft. Er liebt sie immer noch nicht und hat aus Verzweiflung was mit einer Kollegin angefangen. Leider traut er sich jetzt auch nicht, die Affäre zu beenden. Oder die Ehe." Tina schaut mich an. „Er sitzt ziemlich in der Tinte."

„Und das alles nur, weil er keine Konflikte austragen kann?", frage ich ungläubig.

Sie nickt. „Total irre. Der führt überhaupt nicht das Leben, das er führen will, weil er Angst hat, anderen wehzutun. Dabei ist das, was er macht, das Verletzendste überhaupt." Tina schüttelt den Kopf.

Wir joggen weiter, diesmal schweigend. Mein Kopf ist so voller Gedanken, dass ich keine weiteren Fragen stellen kann.

Ist ja schön und gut, dass wir die Angst vor Ausgrenzung und Abgrenzung als Erbe aus der Steinzeit mitbekommen haben. Aber mal im Ernst, wenn man anfängt, Dinge zu tun, die man nicht leiden kann, in Beziehungen zu sein, die man nicht will, und ein Leben zu führen, das man sich nicht selbst ausgesucht hat, dann läuft doch gehörig was schief, oder?

„Ich finde es toll, dass wir das mit dem Joggen jetzt regelmäßig machen", sagt Tina in diesem Moment und schaut zu mir rüber.

Und da dämmert es mir. Ich bin genauso. Wie dieser Typ. Die Erkenntnis trifft mich so hart, dass ich ins Stolpern komme. Ich traue mich nicht, den Mund aufzumachen, wenn mir etwas nicht passt. Ich gehe Konflikten nicht nur aus dem Weg, ich scheue sie wie der Teufel das Weihwasser – und gerate dadurch oft in noch viel größere Konflikte. Das riesige Harmoniebedürfnis ist keine lustige Eigenart von mir, es ist ein Problem. Es hält mich davon ab, am Mittwochabend neben Boris auf dem Sofa zu liegen und zu chillen, und zwingt mich dazu, mich fast acht Kilometer um die Alster zu schleppen, noch dazu im Dauerlauf! Wie kann das sein? Wieso bin ich so? Und kann ich das ändern?

Wir sind am Ausgangspunkt unserer Runde angekommen. Tina klopft mir aufmunternd auf die Schulter. „Und? Nächste Woche zur selben Zeit?"

Ich habe die Hände auf den Oberschenkeln abgestützt und atme schwer. Meine Beine zittern, meine Lunge brennt, ich habe Seitenstechen und schmecke Blut im Mund. Ich muss Tina sagen, dass sie sich eine andere Laufpartnerin suchen soll. Am besten sofort. Das Pflaster schnell abziehen. Für mich einstehen. Einen Konflikt riskieren.

„Gern", erwidere ich und sehe ihr hinterher, als sie sich umdreht und leichtfüßig davontrabt.

## TEST

# Wie harmoniebedürftig bist du?

1. Du bist bei Freunden zum Essen eingeladen. Es wird ein Lebensmittel aufgetischt, dass du auf den Tod nicht ausstehen kannst. Du weißt jedoch, das sich deine Freunde viel Mühe bei der Zubereitung gegeben haben. Wie verhältst du dich?

- Runter damit. Alles ist besser, als den Gastgebern die Stimmung zu verderben. (C)
- Ich entschuldige mich dafür, dass ich nicht schon im Moment der Einladung gesagt habe, bestimmte Dinge nicht zu mögen, und probiere ein bisschen, um meinen guten Willen zu zeigen. (B)
- Ist doch nicht mein Problem! Ich sage, dass ich das nicht essen werde, und bestelle mir eine Pizza. (A)

2. Freunde haben sich euer Auto geliehen und es euch vollkommen verdreckt und mit leerem Tank wieder vor die Tür gestellt. Was tust du?

- Mehrere Tage lang schiebe ich das unangenehme Telefonat vor mir her und fühle mich furchtbar dabei. Schließlich entscheide ich mich für eine freundliche Nachricht, in der ich darum bitte, das Auto beim nächsten Mal doch wenn irgend möglich in einem besseren Zustand zurückzugeben. (B)

- Ich rufe sofort bei meinen Freunden an und stelle sie zur Rede. Sie haben einen Tag Zeit, das Auto im Eins-a-Zustand und mit vollem Tank bei mir abzugeben. (A)
- Ich verkaufe das Auto. So komme ich nicht mehr in die Verlegenheit, es an irgendwelche unzuverlässigen Freunde verleihen zu müssen. (C)

**3. Du hast eine neue Küche planen lassen, doch auch der dritte Entwurf entspricht nicht dem, was du dir vorstellst. Was tust du?**

- Ich blockiere die Nummer der Küchenplanerin und gehe in ein anderes Küchenstudio – es ist gut eine Stunde Fahrzeit entfernt. (C)
- Ich lasse mir die Nummer vom Chef geben und empfehle ihm, sich neue Mitarbeiter zu suchen. (A)
- Im Internet suche ich möglichst viele Fotografien meiner Traumküche und erstelle eine Collage. Mit der schlage ich erneut bei der Küchenplanerin auf und entschuldige mich wortreich für mein offenbar unzureichendes Briefing. (B)

**4. Du bist mit einer Abgabe zu spät dran und merkst, dass es nicht mehr möglich ist, sie einzuhalten. Was tust du?**

- Ich erkläre meinem Auftraggeber, dass der Hund meinen Laptop gefressen hat und ich ein paar Wochen Aufschub brauche. (B)
- Ich frage nach einem neuen Abgabetermin – ohne Angabe von Gründen. (A)

- Ich arbeite Tag und Nacht, ohne mich selbst zu schonen, verliere meine Freunde, meinen Partner und mindestens vier Kilo um die Hüften rum, aber gebe pünktlich ab. (C)

**5. In der Bäckerei drängelt sich ein Mann vor. Was sagst du zu ihm?**
- Nichts! Ich kann doch warten. Kein Problem. (C)
- „Haben Sie es eilig? Eigentlich war ich zuerst dran." (B)
- Ich sage laut und deutlich, damit es alle verstehen: „Respekt, Sie haben es ganz nach vorn geschafft, ohne dass sich jemand beschwert hat! Sie haben sicher viel Übung im Vordrängeln." (A)

## Auflösung
Zähle zusammen, wie oft du A, B oder C angekreuzt hast.

### Typ A: Der Kämpfer (nicht harmoniebedürftig)
Dein Wunsch nach Harmonie ist nicht besonders stark ausgeprägt – zumindest nicht, was die anderen angeht. Dafür bist du mit dir selbst ziemlich im Reinen und sagst, was du denkst. Du würdest nie etwas tun, was du nicht möchtest, und findest es okay, dass es Menschen gibt, die dich nicht leiden können. Who cares? Du findest ja auch nicht alle spitze.

### Typ B: Der Diplomat (mittelmäßig harmoniebedürftig)
Es ist dir ein Anliegen, mit deinem Umfeld in einem harmonischen, ausgeglichenen Miteinander zu leben. Grundsätzlich findest du Konflikte auch nicht besonders ange-

nehm oder erstrebenswert. Dennoch weißt du, wann du den Mund aufmachen musst, um Probleme anzusprechen. Dabei versuchst du stets, Verständnis beim Gegenüber zu erzeugen und Kompromisse zu finden, mit denen alle leben können.

### Typ C: Das Weichei (sehr harmoniebedürftig)

Beim leisesten Anflug eines sich anbahnenden Konflikts gehst du in die Defensive und stellst dich und deine Bedürfnisse komplett hintan. Schlimmer noch, du kennst deine Bedürfnisse gar nicht, sieht man von deinem überproportionalen Wunsch ab, nirgendwo jemals anzuecken. Stattdessen windest du dich aus jeder noch so unangenehmen Situation heraus und greifst zuweilen auch schon mal auf kleine Notlügen zurück, um es den anderen recht zu machen.

# KAPITEL

# 2

# Jedem Tierchen sein Pläsierchen: Von Gorillas, Ziegen und Hasen

Boris braucht eine neue Winterjacke. Deswegen fahren wir in die Innenstadt. Eine blöde Idee, da in der Vorweihnachtszeit viel zu viele Leute mit viel zu schlechter Laune in den überhitzten Geschäften nach überteuerten und in der Regel unbrauchbaren Geschenken für das Fest der Liebe suchen. Ich wittere Konfliktpotenzial und sinke unmerklich etwas tiefer in den Sitz.

Auf der Fahrt beobachte ich mit einer Mischung aus Faszination und Entsetzen, wie sich mein Freund hinter dem Steuer in einen Neandertaler verwandelt. Er flucht, hupt, gestikuliert mit den Händen, wenn ein anderer Autofahrer in seinen Augen zu langsam oder nicht vorausschauend genug fährt. Sein Adrenalinspiegel ist so hoch, dass man auf seiner Stirn vermutlich ein Ei braten könnte. So ist das immer, wenn wir im Auto unterwegs sind.

Boris ist der einzige Mensch auf der Welt, der dazu befähigt ist, ein Personenkraftfahrzeug anständig zu bewegen. Findet er. Die zwei, drei Mal, bei denen er mein Beifahrer war, endeten immer in einer Beziehungskrise. Boris sitzt dann nämlich mit geballten Fäusten und pulsierender Ader auf der Stirn da, presst die Kiefer so fest aufeinander, dass die Gelenke knacken, und atmet mit aufgeblähten Nasenflügeln. Dazu schüttelt er langsam und verständnislos den Kopf oder reißt die Augen weit auf, je nachdem, welche Verkehrssünde ich gerade begehe. Mal blinke ich zu früh, mal zu spät, manchmal überflüssig, manchmal gar nicht, ich fahre wahlweise zu schnell oder zu langsam oder nicht weitsichtig genug, was aber auch kein Wunder ist, immerhin habe ich minus zwei Dioptrien auf jedem Auge. Außerdem habe ich so gut wie keine Fahrpraxis mehr, seit sich Boris immer hinters Steuer setzt. Ganz abgesehen davon, dass es mit meinem Selbstbewusstsein als aktive Verkehrsteilnehmerin auch nicht mehr besonders weit her ist, seitdem ich weiß, dass ich offenbar gar kein Auto fahren kann – genau wie die 57,68 Millionen anderen Führerscheinbesitzer Deutschlands,[11] die mein trauriges Schicksal teilen.

„Ich sehne den Tag herbei, an dem das autonome Fahren diese Amateure am Lenkrad ersetzt. Denen sollte man allen den Lappen wegnehmen", knurrt Boris in diesem Moment und rauscht an einem roten Corsa vorbei, der gemächlich auf der linken Spur vor sich hinzockelt.

„Rechtsfahrgebot!", ruft er dem jungen Typen im Corsa durch die geschlossenen Scheiben zu und macht eine ungeduldige Geste mit der Hand.

„Man darf rechts nicht überholen", gebe ich vorsichtig zu bedenken und handele mir einen todesverachtenden Blick ein. Sofort beiße ich mir auf die Zunge. Schließlich will ich in dieser Situation sicher keinen Streit provozieren.

Wenn Boris nämlich ein Auto steuert, scheinen einige Areale in seinem Gehirn nicht mehr mit dem präfrontalen Kortex verknüpft zu sein, der für Logik und Vernunft zuständig ist. Das limbische System, Zentrum der Gefühle, Instinkte und Reaktionen, ist jedoch im Dauereinsatz und feuert wie wild Informationen in seinen Körper. „Drei, zwo, Risiko!", schreien alle Neuronen und Neurotransmitter gleichzeitig. Besser, ihm in diesem Zustand nicht in die Quere zu kommen. Das weiß ich aus Erfahrung – deswegen sitze ich ja nur noch auf dem Beifahrersitz.

Als wir das Parkhaus erreichen, atme ich kurz durch. Autofahren mit Boris ist immer ein wenig aufwühlend. Das würde ich ihm so natürlich niemals sagen, da wäre die nächste Meinungsverschiedenheit ja gleich vorprogrammiert.

Das Parkhaus ist voll, Boris flucht. „Scheißadventszeit. Wieso bestellen die nicht online?"

Ich verkneife mir eine Antwort. Wenn ich jetzt darauf hinweise, dass wir ja auch nicht online ... ach, egal.

„Da vorn ist ein freier Platz", wechsle ich das Thema. „Ah, nee. Ist nur für Frauen."

Boris zögert keine Sekunde und schert ein, zieht die Handbremse und stellt den Motor ab.

Ich starre ihn an.

„Was?"

„Das ist ein Frauenparkplatz?" Ich weiß nicht, warum ich meine Aussage wie eine Frage klingen lassen.

„Praktisch. Du bist ja eine."

„Ja, aber ..."

Er grinst und steigt aus. Eine Dame, die gerade das Auto neben uns aufschließt, wirft ihm einen kritischen Blick zu.

Boris zeigt auf mich. „Hab eine Frau dabei." Dann lässt er die Tür zufallen und marschiert los.

Ich beeile mich, aus dem Wagen zu kommen, bevor er das Auto mit der Fernbedienung verriegelt. Die Frau glotzt ihm hinterher. Ich fühle mich dazu gezwungen, stehen zu bleiben und mich zu erklären. Oder besser: Boris und den Frauenparkplatz.

„Ich, äh ...", setze ich stotternd an, „ich fahre nachher zurück. Und mein Freund ... bleibt hier." Genauso gut hätte ich erzählen können, dass in China der berühmte Sack Reis umgefallen ist und ich ein Foto davon habe.

Die Dame betrachtet mich nachdenklich, schüttelt den Kopf und schweigt. Wenig überraschend, selbst in meinen Ohren klingt meine Ausrede lahm.

Verlegen lächelnd, hebe ich die Hand zum Gruß. „Also dann. Schönen Tag noch!" Und eile Boris hinterher.

Warum habe ich mich der Frau erklärt? Sie hat nur komisch geguckt. Ich hätte doch nichts sagen müssen. Vermutlich, weil sich mein innerer moralischer Sensor sehr klar darüber ist, dass es nicht okay ist, wenn ein Mann auf einem Frauenparkplatz parkt. Auch wenn er eine Frau dabeihat. Nicht mal, wenn er drei Frauen dabeihat. Und jetzt sind wir auch noch erwischt worden.

Auf der Rolltreppe legt Boris den Arm um mich und stupst mich liebevoll an. „Na, du kleiner Angsthase?"

Ich seufze, gebe mir einen Schubs und würge hervor: „Warum musst du mich immer in solche Situationen bringen?"

Er lacht. „Welche Situationen?"

„Na, wie eben." Ich atme tief ein und aus. „Wir hätten doch auch weiter hinten parken können. Und dann musst du auch noch was zu der Frau sagen …" Bei der Erinnerung möchte ich am liebsten noch einmal im Boden versinken.

Dann wird mir klar, dass wir später ja noch einmal in die Tiefgarage müssen. Vielleicht kann ich Boris überreden, dass ich das Auto allein hole, und er steigt dann an der nächsten Ecke ein?

Er haucht mir einen Kuss auf die Wange. „Nimm das doch nicht persönlich, chérie. Ich bin halt so. Und du bist … anders. Hör auf, dir über so unwichtige Sachen den Kopf zu zerbrechen. Ist doch egal, was die Frau denkt." Boris grinst, küsst mich noch einmal und zieht mich Richtung Jackenabteilung.

Dort streifen wir durch die Gänge. Nach einigen Minuten haben wir einen dunkelblauen Mantel, einen Parka in Senfgelb und eine graue Winterjacke gefunden, die Boris gefallen. Wir nehmen alles mit zu einem großen Spiegel. Boris schlüpft in den gelben Parka und betrachtet sich von allen Seiten.

„Ich sehe aus wie dieser gelbe Vogel aus der Sesamstraße." Er dreht sich zu mir, bewegt den Kopf wie ein Huhn vor und zurück und kräht: „Bibo. Bi-bo! Bi-bo!"

Ich breche in Lachen aus.

„Darf ich Ihnen behilflich sein?" Ein etwa 20-jähriger pickelgesichtiger Verkäufer hat sich unbemerkt an uns herangeschlichen und verzieht das Gesicht zu einem Lächeln.

„Nein, danke", erwidert Boris knapp und dreht sich wieder zum Spiegel. Er wirkt nicht mal peinlich berührt, weil er sich gerade zum Affen beziehungsweise Bibo gemacht hat. Beneidenswert.

Der Verkäufer geht aber nicht weg, sondern lächelt einfach weiter, was ihn ein wenig wie einen Psychopathen erscheinen lässt. Instinktiv frage ich mich, ob meine Lächelattacken ähnlich verstörend wirken, und werde rot. Aber der Typ hat Chuzpe, das muss man ihm lassen. Er macht zwei Schritte auf Boris zu und zupft die Kapuze der Jacke zurecht.

Oh, oh, denke ich. Nicht gut. Boris sollte man nicht einfach so zurechtzupfen. Da ist der Finger schneller abgebissen, als man gucken kann. Kurz blitzt in mir der Gedanke auf, ein „Vorsicht, bissiger Hund!"-Schild zu malen und meinem Freund in Zukunft heimlich auf den Rücken zu kleben.

„Das ist eine absolute Trendfarbe dieses Jahr. Haben wir sehr gut verkauft", versucht sich der Verkäufer weiter bei uns einzuschleimen.

Bei mir klappt es, ich grinse debil und nicke. Boris jedoch macht einen Schritt zur Seite, dreht sich zum Verkäufer um und sagt freundlich, aber bestimmt: „Es ist mir vollkommen egal, ob das eine Trendfarbe ist oder nicht. Wie gesagt, wir brauchen keine Beratung. Danke."

Das „Danke" mit eindeutigem Punkt dahinter war Boris' sozialverträgliche Version von „Zieh Leine, aber dalli".

Der Verkäufer blinzelt irritiert, sein Kopf zuckt in meine Richtung, und in dieser Sekunde bin ich mir sicher, dass er kein echter Mensch, sondern ein Verkaufsroboter ist, wie *Die Frauen von Stepford*. Offenbar hat er aber eine falsch programmierte Software. Oder sein Empathie-Plug-in ist kaputt. Wenn er überhaupt eines installiert hat. Denn anstatt das zu tun, was jeder, der halbwegs bei Sinnen ist, tun würde, spult er unbeirrt weiter seinen Verkaufstext ab.

„Wir haben aktuell eine Aktion, 15 Prozent auf alle Winterjacken und Mäntel, außerdem erhalten Sie einen Wollschal gratis bei einem Warenwert von über 100 Euro. Reduzierte Ware ist von der Aktion ausgeschlossen."

Boris, der gerade dabei war, den Reißverschluss der gelben Jacke wieder zu öffnen, hält abrupt inne und hebt den Kopf. Ich kenne diesen Ausdruck. Er nimmt Witterung auf, kneift die Augen zusammen und visiert den Verkäufer an.

Unweigerlich fühle ich mich an die Pistolenduelle den Western erinnert, die ich früher so gern im Fernsehen gesehen habe. Es würde mich nicht wundern, wenn jeden Moment ein vertrockneter Busch an uns vorbeirollte und die Stille der Prärie von dem Quietschen der Salontüren zerrissen würde. Ennio Morricones charakteristischen vier Töne aus *Spiel mir das Lied vom Tod* erklingen in meinem Kopf.

„Ich will keinen Wollschal", sagt Boris mit einer so ruhigen Stimme, dass ich eine Gänsehaut Körper bekomme.

In meinem Kopf wirbeln die Gedanken, mein Gehirn produziert 175 mögliche Ausgänge dieses Szenarios, und keiner davon ist gut. Ehe ich es mich versehe, klappt mein Mund auf, und ich flöte: „Vielen Dank, dass Sie uns beraten wollen, das ist sehr nett, aber mein Freund weiß immer sehr genau, was er will."

Es folgt ein Schweigen, das nur von Boris' Schnauben durchbrochen wird.

Der Verkäufer grinst so breit, wie es ihm anatomisch möglich ist, und wirkt dabei noch irrer. „Ich kann Ihnen die Jacke auch eine Nummer größer geben, wenn Sie wollen. Ist ein bisschen knapp um den Bauch."

Oh. Mein. Gott.

Das war's. Boris wird ihn dem Erdboden gleichmachen.

In dieser Sekunde geht unter meiner Schädeldecke der Alarm los. Es ist ein lautes, enervierendes Geräusch, das all meine Gedanken mit einem Schlag verstummen lässt.

Durch die Wand aus Lärm sehe ich, wie Boris tief Luft holt, sich vor dem Verkäufer aufbaut und den Mund öffnet. Er sieht jetzt kein bisschen mehr wie der lustige Vogel aus der Sesamstraße aus, eher wie ein sehr großer, sehr gelber Orang-Utan, der gerade einen Rivalen dabei erwischt hat, wie er eine der Damen aus seinem Revier besteigen wollte.

Dann sehe ich nichts mehr. Zu meiner eigenen Verblüffung hat sich mein Körper nämlich zu einer Reaktion entschlossen und geht einfach weg. Das Fleisch ist willig, der Geist ist schwach. Meine Füße entscheiden selbstständig, dass sie hier nicht mehr sein wollen, und tragen mich mit ihnen davon. Weg von der Gefahrensituation, raus aus der roten Zone. Ich habe kein Ziel, sondern folge einfach meinen Füßen. Mein Atem ist flach, die Hände habe ich zu Fäusten geballt. Ich beruhige mich erst, als ich mich zwischen Parfümflakons und Shampooflaschen wiederfinde.

Hier riecht es gut, und das Licht ist golden. Das Hintergrundgedudel erinnert mich an einen Fahrstuhl. Vielleicht bin ich auch im Himmel.

„Möchten Sie den neuen Duft von Thierry Mugler ausprobieren?", fragt eine überschminkte junge Frau mit derart streng gezogenem Zopf, dass ich mich frage, ob das noch eine Frisur oder schon ein Lifting ist.

„Gern", hauche ich und lasse mich auf den Stuhl vor ihrem Schminktischchen fallen, wo sie mich in den folgenden Minuten in ein Conchita-Wurst-Lookalike ohne Bart verwandelt.

Während ich äußerlich immer ruhiger werde, braut sich in meinem Inneren ein Sturm zusammen. Wie kann dieser Affe es wagen, mich in eine so unangenehme Lage zu bringen? Er weiß doch, wie sehr ich es hasse, bei seinen Konfrontationen dabei zu sein. Boris kann sich ja anlegen, mit wem er will, aber dass er so wenig Rücksicht auf mich nimmt, ist doch wirklich ...

„Da bist du ja, chérie. Du warst plötzlich verschwunden." Boris taucht mit einem breiten Grinsen im Gesicht neben mir auf, in der Hand hält er eine Papiertüte des Kaufhauses. Er stutzt. „Wie siehst du denn aus?"

Die Verkäuferin und ich wechseln einen verständigen Blick und entscheiden uns, dass Schweigen manchmal die beste Antwort ist.

„Ich habe den blauen Mantel genommen." Er hebt vielsagend die Tüte an.

Ich will etwas sagen. Ganz bestimmt. Ich will ihm sagen, dass das so nicht geht. Dass er mich nicht so bloßstellen darf. Dass er auf mich Rücksicht nehmen und nicht so eine Krawallbürste sein soll. Aber stattdessen sage ich: „Schön." Und nehme mir vor, das Thema später noch einmal anzusprechen.

Oder morgen.

Oder irgendwann.

Oder nie.

Als ich am darauffolgenden Mittwoch Tina beim Joggen von der Situation erzähle (denn natürlich habe ich es immer noch nicht übers Herz gebracht, ihr meine Meinung über diese Art der körperlichen Ertüchtigung zu sagen), lacht sie sich kaputt. Und während wir an der Alster entlangtraben, so langsam, dass man uns währenddessen problemlos die Schuhe neu besohlen könnte – was ohne Frage einzig und allein an mir liegt –, lerne ich wieder einmal etwas Neues aus der Welt der Psychologie.

„Wenn wir uns einer Gefahr oder einer Bedrohung gegenübersehen, haben wir drei grundsätzliche Reaktionsmuster, mit denen wir darauf reagieren", führt Tina aus und joggt links an zwei tratschenden Mamis vorbei, die Kinderwagen vor sich herschieben und große Kaffeebecher in den Händen halten. Ich beneide sie. „Flucht, Starre oder Angriff. Diese Muster kommen noch aus der Urzeit und haben uns beziehungsweise unseren Vorfahren das Überleben gesichert."

Ich versuche, Schritt zu halten. „Aber ein drohender Konflikt ist doch keine richtige Gefahr?"

Sie schaut sich zu mir um, und ihr dunkler Zopf wippt lustig von links nach rechts. „Wenn man Harmoniejunkie ist wie du, kann sich so eine bevorstehende Meinungsverschiedenheit schon wie der Angriff eines Säbelzahntigers anfühlen."

Ich will etwas erwidern, aber Tina hat recht. Also lasse ich sie weiterreden.

„Nach dem, was du erzählt hast, bist du ein klassischer Fluchttyp", erklärt sie und zieht das Tempo an, um an einem spazierenden Pärchen vorbeizujoggen. „Ich nenne diesen Typen auch den Hasen."

Boris' Worte drängen in meine Erinnerung. Er hat mich als „Angsthase" bezeichnet.

„Na toll", maule ich eingeschnappt.

„Hasen können tolle Haken schlagen", gibt Tina lächelnd zu bedenken. „Und sie sind schnell. Ich hingegen bin eine Myotonic Goat[12]."

Ich blinzele gegen die Sonne. „Eine was?"

„Hast du schon mal von diesen Ziegen gehört, deren Muskeln sich verkrampfen, wenn sie erschrecken, und die dann wie ein Stein zu Boden fallen?"

Aus den Tiefen meines Gedächtnisses ploppt ein Bild an die Oberfläche. Ich meine mich daran zu erinnern, den kurzen Clip bei Stefan Raabs Sendung *TV Total* gesehen zu haben – das muss eine Ewigkeit her sein. Trotzdem habe ich sofort das Bild vor Augen, wie die kleine Ziege, als ein plötzliches Geräusch erklingt, zusammenzuckt, zur Salzsäule erstarrt und dann – „fump" – einfach so zur Seite umkippt. Die Vorstellung, dass bei Tina dasselbe passiert, wenn sie mit einem Konflikt konfrontiert wird, finde ich zum Schießen.

„Du? Eine Ziege in Schockstarre?" Ich kann es nicht glauben.

Tina grinst. „Ich weiß, was in meinem Kopf vor sich geht, und kann mein Verhalten trotzdem nicht ändern. Wenn mich zum Beispiel jemand verbal angreift, stehe ich einfach nur da wie ein Depp und glotze Löcher in die Luft."

Der Weg vor uns ist frei, und wir verfallen in einen gleichmäßigen, ruhigen Joggingrhythmus. Immerhin lenkt das Gespräch vom Seitenstechen ab.

„Wirklich? Das kann ich gar nicht glauben. Ich dachte, Leute wie du sind immer Boss übers eigene Oberstübchen."

Sie schüttelt grinsend den Kopf. „Keine Chance. Es gibt wohl einige Kampfsportler, die sich unter großen Mühen und über viele Jahre ihren Grundreflex abtrainieren."

„Um was zu werden?"

Sie schaut mich an. „Boris. Oder eher: der Gorilla."

Ich lache auf. Dann denke ich an den freundlichen, gelben Sesamstraßen-Bibo und die sekundenschnelle Verwandlung in ein gefährliches Raubtier. Gorillas stellen sich bei einer Provokation auf die Hinterbeine und trommeln sich auf die Brust, um möglichst groß und Furcht einflößend auf den potenziellen Angreifer zu wirken. Boris in Reinform, würde ich sagen. Im Grunde ein herzensguter Mensch, solange man ihm nicht auf den Schlips oder auf die Zehenspitzen tritt.

„Heißt das, Boris kann gar nichts für seine …" Ich suche nach dem richtigen Wort. Streitlust? Angriffshaltung? Cholerik? „Konfliktbereitschaft?"

Tina joggt gleichmäßig weiter und schüttelt den Kopf. „Nee. Zumindest nicht im Reflex. Genauso wenig wie du. Man ist, was man ist. Hase oder Gorilla."

„Oder Ziege", ergänzte ich.

Tina erklärt, dass der älteste und primitivste Teil des menschlichen Gehirns für dieses Reaktionsspektrum verantwortlich ist: das Reptiliengehirn.

„Ist ja ekelhaft", sage ich und schüttle mich, denn Schlangen kann ich nun wahrlich nichts abgewinnen.

„Du kannst das Reptilienhirn auch Hirnstamm nennen, wenn es dir lieber ist. Es liegt sehr weit unten im Gehirn und hat sich vor etwa 500 Millionen Jahren entwickelt."

„Wow. Ich habe eine 500 Millionen Jahre alte Gehirnstruktur im Kopf?" Kein Wunder, dass die mich manchmal komische Dinge tun lässt. Das Teil wurde ja seit seiner Entstehung nicht nennenswert aktualisiert. „Und wofür ist der Hirnstamm so alles zuständig?"

Tina geht langsamer, offenbar hat sie bemerkt, dass ich wieder mal kaum hinterherkomme. „Atmung. Herzschlag. Nahrungsaufnahme. Darmtätigkeit. Und Reflexe."

Ich höre ebenfalls mit dem Joggen auf und atme tief durch. Sehr tief. Endlich. Erwähnte ich bereits, dass ich Joggen nicht sonderlich mag?

„Bei Wirbeltieren ist dieser Gehirnteil klein, bei Reptilien macht er fast das gesamte Hirn aus. Daher Reptiliengehirn."

„Wenn das so ist, bin ich wohl ein Reptil", sage ich missmutig. „Mein Fluchtreflex ist so gewaltig, dass ich mich gar nicht dagegen wehren kann. In meinem Gehirn ist dann gähnende Leere. Keine anderen Handlungsoptionen. Nichts."

Tina lacht. „Das ist sehr typisch für Harmoniebedürftige wie dich. Die ergreifen die Flucht, selbst wenn sie mit dem Konflikt gar nichts zu tun haben. Sie halten die Disharmonie einfach nicht aus."

„Soll mich das trösten?", frage ich lakonisch.

„Ein bisschen, ja. Es ist deine Natur."

Ich seufze sehr schwer anstelle einer Antwort. „Es ist auch meine Natur, dass ich immer mehr esse, als ich eigentlich im

Sinne des Selbsterhaltungstriebs müsste. Was das angeht, bin ich eher Labrador als alles andere. Ich habe einfach keine natürliche Fressbremse installiert."

Tina lacht lauthals. „Du könntest künftige Aggressoren ja einfach aufessen."

„Gott bewahre, dann müsste ich ja noch mehr joggen gehen", purzeln die Worte schneller aus mir heraus, als ich gucken kann.

Tina schaut mich schräg an.

Ich wechsle hastig das Thema. „Trotzdem habe ich mich besser im Griff, seitdem ich mir die Sache mit dem Essen bewusst gemacht habe."

Tina bleibt stehen. Ich bin so erleichtert, dass ich sie am liebsten umarmen möchte. „Wenn dich deine Harmoniebedürftigkeit nervt, kannst du etwas gegen sie unternehmen."

Im ersten Impuls will ich rufen: „Ja, hurra, lass uns das machen!" Denn zugegeben, manchmal gehen mir mein Wunsch nach Harmonie und die damit einhergehende Konfliktscheue schon ziemlich auf den Keks.

Im gleichen Moment wird mir allerdings klar, dass ich mich vermutlich auf ziemlich viele Konflikte einlassen muss, wenn ich ein streitbarerer Mensch werden möchte. Ich beiße mir im Bruchteil einer Sekunde auf die Zunge und gebe ein dumpfes Geräusch von mir. „Hmpfhg."

Dann male ich mir aus, welche Auswirkungen es auf mein Leben hätte, wenn ich häufiger den Mut fände, meine Klappe aufzumachen. Wenn ich nicht immer alles weglächeln, ausgleichen, schlichten, besänftigen, erklären wollte. Wenn ich nicht für jeden Trottel Verständnis aufbrächte, sondern von Zeit zu Zeit ein gesalzenes „Leck mich!" dächte. Die Vorstellung, das sogar eines Tages zu sagen, hinterlässt mich beinahe sprachlos vor Aufregung.

„Ich würde gern konfliktfähiger werden", höre ich mich sagen. „Aber halt kein Gorilla. Das würde mit Boris vermutlich auch nicht lange gut gehen."

Tina schüttelt den Kopf. „Da musst du dir keine Sorgen machen, glaube ich."

Ich denke nach. Die tief stehende Wintersonne spiegelt sich auf dem grauen Wasser der Alster. Ich verlagere mein Gewicht von einem Fuß auf den anderen, während ich mir die Oberarme gegen die Kälte reibe. Mein fehlendes Talent zur Auseinandersetzung macht mir das Leben oft schwer. Ich stehe selten auf und trete noch viel seltener für mich ein. Weil ich so ziemlich jeder Auseinandersetzung aus dem Weg gehe, habe ich meine Kompromissfähigkeit auf Hochglanz poliert. Ich bin in der Lage, mich mit beinahe allem zu arrangieren und mich so lange zu verbiegen, bis ich manchmal gar nicht mehr weiß, wie es sich anfühlt, gerade zu stehen. Und das alles nur, weil ich Angst vor einem Konflikt habe? Das ist so bescheuert, dass es beinahe wehtut.

Aber damit ist jetzt Schluss.

Ich stelle mich breitbeinig hin, stemme die Arme in die Hüften und strecke das Kreuz durch. Genau wie Wonder Woman. Nur dass sie keine lilafarbenen Laufleggings und keine neongelbe wattierte Regenjacke trägt, beides eine halbe Nummer zu klein. Dann raune ich: „Ich werde mein Harmoniebedürfnis loswerden!"

Tina klopft mir auf die Schulter. „Großartig. Komm, zur Feier des Tages machen wir heute noch eine Runde."

Und rennt los.

Ich sehe ihr hinterher. Will etwas rufen. Protestieren. Mich auf den Boden werfen. Um Gnade winseln. Weinen. Lachen. Mich entschuldigen. Alles gleichzeitig. Stattdessen tun meine Füße, was sie immer tun: Sie laufen los. Tina hinterher.

Es ist zum Verzweifeln.

In diesem Moment bekomme ich einen Vorgeschmack darauf, wie lang und steinig der Weg raus aus der Harmoniefalle und rein in die Konfliktbereitschaft werden wird.

## ÜBUNG

## Die drei Reaktionsmuster – und wie du dich (ein bisschen) von ihnen lösen kannst

Bei der Lektüre dieses Kapitels hast du vielleicht darüber nachgedacht, wie du reagierst, wenn dich jemand mit einem Vorwurf, einem Konflikt oder einer anderen unangenehmen Situation konfrontiert. Bist du Gorilla, Ziege oder Hase? Wie gesagt sind uns diese Reaktionsmuster in die Wiege gelegt – aber nicht immer empfinden wir sie als förderlich oder stimmig. Mit den folgenden Tipps kannst du dich zwar nicht grundlegend verändern und vom Flucht ergreifenden Hasen zum brüllenden Gorilla werden. Du verschaffst dir aber Zeit, deine Reaktion bewusster zu steuern als in der Vergangenheit.

## Der Gorilla

Deine erste Reaktion ist immer der Schritt nach vorn. „Machst du mich an, mach ich dich aus!", ist dein Motto. Manchmal reagierst du deshalb viel zu heftig und gerätst so in Konflikte, die eigentlich nicht notwendig wären und für die du dich später unter Umständen entschuldigen möchtest. Für dich als Gorilla ist es grundsätzlich kein Problem, Konflikte auszutragen – allerdings dauert es zuweilen etwas, bis du dich nach einem Ausbruch wieder abgeregt hast. Außerdem ist deine Reaktion nicht in allen Situationen des Lebens sozial erwünscht. Verschaffe dir deshalb ruhig etwas Zeit – und entscheide selbst, ob es sich lohnt, sich wegen einer Provokation dermaßen aufzuplustern.

Was du tun kannst, um dein Reaktionsmuster zu durchbrechen:

1. **Raum gewinnen:** Mache einen Schritt zurück. Das ist ganz wörtlich gemeint. Vermeide die Bewegung nach vorn, gehe nicht in den Angriff, sondern tritt zurück. Falls dir der Schritt nach hinten zu groß erscheint, probiere es mit einer kleinen Seitwärtsbewegung. Jeder Zentimeter zählt.

2. **Bis vier zählen:** Kennst du den Spruch „Bist du wütend, zähl bis vier, hilft das nicht, dann explodier"? Wie oft bist du schon bis vier gekommen? Eben. Versuch es doch mal. Selbst wenn du nur bei anderthalb ankommst, hast du dir etwas Zeit verschafft und reagierst möglicherweise etwas gelassener.

3. **Die Lächel-Therapie:** Man weiß mittlerweile, dass ein breites Lächeln nicht nur auf die Umwelt, sondern auch auf das eigene Selbst eine positive Auswirkung hat. Also lächle, bevor du nächstes Mal zum Gorilla mutierst, und gönn dir mindestens einen Atemzug, um aus deiner Angriffshaltung herauszukommen und die Spannung abzubauen.

## Die Ziege

Wenn dich jemand provoziert, angreift oder mit etwas Unangenehmem konfrontiert, verfällst du normalerweise in eine Art Schockstarre. Möglicherweise kippst du nicht zur Seite um, doch es ist dir unmöglich, irgendeine wie auch immer geartete Reaktion zu generieren, und möge sie noch so klein sein. Stattdessen erstarrst du zu Eis, echte Hardliner täuschen in solchen Situationen zuweilen sogar den eigenen Tod vor (was, wie man sich denken kann, nicht immer förderlich für die eigene Gesundheit und das soziale Miteinander ist).

Was du tun kannst, um dein Reaktionsmuster zu durchbrechen:

1. **Komm in Bewegung:** Egal, wie schwer es dir auch fällt, setze dich in Bewegung. Selbst bei einem unangenehmen Gespräch mit dem Vorgesetzten kann es Wunder bewirken, beispielsweise aufzustehen und das Fenster zu öffnen. Denn damit löst du dich aus deiner Starre. Auch der Gang zur Toilette ist möglich – Hauptsache, du veränderst etwas an deinem Zustand. Falls du nicht in der Lage bist, deine körperliche Position zu verändern, hilft auch ein vollkommen unerwarteter Themenwechsel. Mach

deinem Gegenüber ein Kompliment, lobe das schöne Wetter oder das Mittagessen von vorhin. Komm danach sofort zum Thema zurück – mit der Gewissheit, dass du in diesem Konflikt ein Wörtchen mitzureden hast.

2. **Bring dich in die Bredouille:** Klingt absurd, meine ich aber ganz ernst. Zwing dich dazu, den Mund aufzumachen! Zum Beispiel, indem du die Hand hebst und verkündest: „Ich möchte etwas dazu sagen." Dein Gegenüber, egal, ob es dein nerviger Schwiegervater oder die vorlaute Kollegin ist, wird kurz irritiert sein, weil es dieses Verhalten nicht von dir kennt. Du aber bringst dich mit deiner „Anmeldung einer Aussage" in die Verlegenheit, nun tatsächlich etwas zum Konflikt beitragen zu müssen – und die Situation so zu deinen Gunsten zu verändern, zumindest aber nicht mehr nur über dir abregnen zu lassen.

3. **Bleib mobil:** Falls du selbst mal ein schwieriges Gespräch führen musst, vor dem du dich fürchtest, empfehle ich dir, diese Auseinandersetzung nicht in einer statischen Situation stattfinden zu lassen, zum Beispiel am Tisch, an dem man sich gegenübersitzt. Schlage stattdessen einen Spaziergang vor. Indem sich dein Körper fortwährend bewegt, kommst du emotional gar nicht erst in die Verlegenheit, wie eine Myotonic Goat umzukippen und erst dann wieder zum Leben zu erwachen, wenn die Bedrohung vorbei ist.

## Der Hase

Das Hakenschlagen liegt dir in den Genen, Fersengeld ist dein zweiter Vorname: Wann immer dir eine Situation zu unangenehm wird, ergreifst du die Flucht. Das ist zwar gut für deinen Organismus, weil du beim Laufen (zumindest wenn du ein paar Minütchen durchhältst) die Stresshormone wieder abbaust, die sich in deinem Körper angesammelt haben. Allerdings ist Weglaufen in sehr vielen Situationen des Lebens keine echte Option. Außerdem sind die meisten Konflikte schneller und holen dich irgendwann wieder ein – oder warten einfach an der Grundlinie auf dich, an die du irgendwann zurückkehren musst, wenn du dir nicht alle naslang einen neuen Job, einen neuen Partner oder eine neue Familie suchen möchtest. Es wäre also von Vorteil, wenn es dir gelänge, ab und zu deinen Fluchtreflex zu kontrollieren.

Was du tun kannst, um dein Reaktionsmuster bewusst zu durchbrechen:

1. **Geh nach vorn:** Es klingt absurd und vielleicht auch ein wenig geistesgestört, aber tatsächlich ist es für den Hasen sinnvoll, sich in einer unangenehmen Situation absichtlich und bewusst einen kleinen Schritt nach vorn zu bewegen. Das geht mit den Füßen, aber auch mit dem Oberkörper, beispielsweise wenn man sitzt. Diese Vorwärtsbewegung sorgt zum einen dafür, dass du in Zugzwang kommst, denn damit rückst du deinem Gegenüber ein wenig auf die Pelle. Zum anderen verschaffst du dir Raum und zeigst nonverbal: Ich bin auch noch da. Bei ganz schweren Fällen kann es sinnvoll sein, hohe Absatzschuhe zu tragen, die einem allzu schnelles Davonlaufen nahezu unmöglich machen.

2. **Richte dich auf:** Ein großes Problem des Hasen ist, dass jede Faser seines Körpers auf Flucht ausgerichtet ist. Schlage dir selbst ein Schnippchen und durchbrich deine reflexhafte Körperreaktion, indem du die Beine leicht auseinanderstellst und die Schultern nach unten drückst. Brust raus, Bauch rein und tief durchatmen. Schaue deinem Gegenüber so lange in die Augen, bis er oder sie wegsieht. Dafür musst du kein Wort sagen.

3. **Sag Stopp:** Es gibt kein bürgerliches Gesetzbuch, in dem festgelegt wird, wie man Konflikte führt. Einige Regeln haben sich dennoch durchgesetzt, beispielsweise dass man den anderen nicht gleich eine reinhaut oder sie wortlos einfach stehen lässt (zumindest meistens). Was jedoch jederzeit geht: Stopp sagen, eventuell sogar den Arm nach vorn ausstrecken und dem Gegenüber so Einhalt gebieten. Es wird die Situation nicht lösen, dich aber wenigstens in die Position bringen, in der du aktiv am Geschehen teilnehmen kannst, beispielsweise indem du mit ruhiger Stimme weitersprichst, wenn du von einer Person angeschrien oder angemeckert wurdest.

# KAPITEL 3

# „Pew-Pew, Madafakas!"
# Warum manche schneller schießen als ihr Schatten und andere lieber ihre Zunge verschlucken

Angriff ist die beste Verteidigung, heißt es. Ich habe dieses Sprichwort noch nie verstanden – und dementsprechend auch noch nie umgesetzt. Wenn mir jemand vor die Haustür kackt, sage ich Danke und hole einen Kotbeutel. Ich wehre mich nicht, sondern nehme einfach nur hin, was ich nicht ändern kann, und fühle mich dabei auch noch unglaublich erwachsen.

„Frau Blumenthal! Sie hatten letzte Woche Kehrdienst. Und die Mülltonnen stehen auch noch nicht draußen", begrüßt mich Frau Pressel am Freitagabend, als ich von der Arbeit nach Hause komme. Mein Körper verrät mir immer noch bei jeder Bewegung, dass er Joggen hasst, und natürlich wurden mir im Büro kurz vorm Wochenende noch einige Extraaufgaben aufgebrummt. Das bedeutet: Ich darf morgen an den Schreibtisch. Das wird Boris nerven, und das nervt auch mich. Und alles nur, weil ich nicht Nein sagen kann.

„Vielen Dank für die Erinnerung", säusele ich zuckersüß in Frau Pressels Richtung, die sich gerade daranmacht, in den ersten Stock zu marschieren. Sie bleibt stehen, dreht sich um.

„Und noch was. Ihr Freund ist ein unmöglicher Mensch! So nah an meinem Auto zu parken ... Ich bin keine 30 mehr, ich kann mich nicht mehr so verrenken. Beim nächsten Mal rufe ich den Abschleppdienst."

Innerlich beginne ich, mich zu winden wie ein Wurm, den man aus der Erde gezogen hat. Wieso muss *ich* denn jetzt diese Auseinandersetzung mit der Pressel wegen des Parkens führen? Wo Boris doch derjenige war, der die alte Schachtel eingeparkt hat? Ich könnte ihn lynchen.

„Wollen Sie ihm das vielleicht selbst sagen?", schlage ich diplomatisch vor.

Frau Pressel kommt mir zwei Stufen entgegen und wirkt, den physikalischen Gesetzen zum Trotz, damit noch größer. Ihr ausgestreckter Zeigefinger fuchtelt vor meinem Gesicht herum. „Es ist mir völlig egal, mit wem von Ihnen beiden ich das bespreche! Jetzt sind Sie da, und deswegen sage ich es Ihnen. Sie können ja wohl nicht von mir erwarten, dass ich extra hier runterkomme, um mit Ihrem Freund ein ernstes Wörtchen zu reden!"

In diesem Moment geschieht etwas Erstaunliches. Zum ersten Mal in meinem Leben habe ich das Gefühl, mich selbst in der unangenehmen Situation beobachten zu können. Und zwar von außen. Vielleicht liegt es an den Dingen, die mir Tina über die urzeitlichen Reflexe gesagt hat, vielleicht daran, dass ich damit anfange, mich mit meinem gestörten Harmoniebedürfnis zu beschäftigen. Oder aber ich versterbe in genau dieser Sekunde, und mein Astralkörper verlässt meinen irdischen Leib. Jedenfalls fühlt es sich an, als würde ich aus meinem Körper heraustreten und einen Schritt zur Seite machen. Meine zweite Gestalt musterte mich (übergewichtig und unvorteilhaft gekleidet, zumindest aus dieser Perspektive), wie ich in dieser Szene zur Salzsäule erstarrt bin. Die Zeit hält an. Selbst Frau Pressel bewegt sich nicht mehr. Gemächlich lasse ich den Blick über meinen Körper wandern. Meine Schultern sind nach oben gezogen, mein Rücken ist gekrümmt, jede Zelle meines Organismus scheint sich auf die

Flucht vorzubereiten. Um es kurz zu machen: Souverän sieht anders aus.

Ich erschrecke. *Das* bin ich? So sehe ich aus, wenn man mich mit einem Konflikt konfrontiert oder provoziert? Und wieso hat mir Boris nie gesagt, dass mein Hintern in dieser Jeans stark an zwei aneinandergeklebte Dampfnudeln erinnert?

Herrje. Das ist ja erbärmlich. Kein Wunder, dass in so einer Körperhaltung nichts Gutes aus mir herauskommt.

Ich stelle mich hinter meine erstarrte Doppelgängerin und drücke ihr als Erstes die Schultern nach unten, dann richte ich sie auf, hebe das Kinn ein wenig an und lege ihr eine Hand auf den Brustkorb. „Alles ist gut", flüsterte ich meinem bewegungslosen Ich zu. „Dir kann nichts passieren."

Nur einen Augenblick später ist wieder alles normal. Frau Pressel schnauft mit aufgeblähten Nüstern und weit aufgerissenen Augen, ihr Finger schwebt immer noch in der Luft vor meinem Gesicht.

Ich atme einmal tief aus. Und wieder ein. Erstaunlich, wie viel besser ich mich fühle. Atmen! Sollte man viel öfter machen.

„Frau Pressel, ich kann Sie verstehen. Aber ich glaube, es wäre besser, wenn Sie das selbst mit ihm klären. Ich habe nämlich nichts mit der Sache zu tun."

Die Nachbarin sieht mich an. Blinzelt. Sie ist genauso fassungslos wie ich. Habe ich das wirklich gerade gesagt?

„Na gut", erwiderte sie und lässt den Finger sinken. Dann entweicht die Anspannung aus ihrem Körper, als hätte man einer Gummiente den Stöpsel gezogen. Beinahe müde sieht sie aus, als sie sich wieder umdreht, um die Treppe zu ihrer Wohnung hochzustapfen.

„Guten Abend, die Damen", erklingt da Boris' Stimme.

Frau Pressel dreht sich um, sieht meinen Freund – und knipst irgendwo in ihrem Inneren eine Glühbirne an. „Herr Möller, wie schön, dass wir uns begegnen", säuselt sie in exakt dem Tonfall, den ich vor einer Minute ihr selbst habe angedeihen lassen.

Ich muss mich am Türrahmen festhalten, so erschrocken bin ich. Was ist denn in die Pressel gefahren?

„Würde es Sie sehr stören, Ihr Auto zukünftig ein bisschen weiter links zu parken, damit ich einsteigen kann?", flötet die Frau, die eben noch meine kratzbürstige Nachbarin war.

„Gar kein Problem", erwidert Boris und grinst. Sein Blick fällt auf meine Joggingschuhe, die seit dem letzten Aufeinandertreffen mit ihr wieder im Flur stehen. Die Pressel schaut in dieselbe Ecke.

„Sonst noch was?", fragt Boris.

Jetzt, denke ich. Jetzt sagt sie was!

Aber sie lächelt nur debil und sagt: „Nein, sonst nix. Schönen Abend Ihnen beiden."

Boris stiefelt zufrieden an mir vorbei. Ich stehe im Türrahmen und habe jede Fassung verloren. Erstaunt und auch ein bisschen beleidigt schaue ich Frau Pressel dabei zu, wie sie im oberen Stockwerk verschwindet.

„Was war denn das?", will ich von Boris wissen, als ich in die Küche komme. „Ist die immer so bei dir?"

Er zuckt mit den Schultern. „Klar. Frau Pressel ist eine Scheinriesin. Das hast du bloß noch nicht kapiert."

„Eine was?"

„Eine Scheinriesin. Wie bei Jim Knopf. Aus der Ferne sieht sie groß und gewaltig aus, aber je näher man kommt, desto mehr verliert sie ihren Schrecken. Im Gegensatz zu Kampfzwergen. Die wirken harmlos, können sich aber gewaltig aufplustern."

Ermattet sinke ich auf einen der Stühle. „Gibt es noch mehr Wesen, die ich kennen sollte?"

Er öffnet den Kühlschrank und holt sich einen meiner Joghurts heraus. Natürlich beschwere ich mich nicht. „Tasmanische Teufel und Wirbellose. Die einen sind eigentlich immer auf Ärger aus, die anderen haben gar kein Rückgrat."

Ich ahne, zu welcher Gattung ich in seinen Augen gehöre. „Und was bist du?"

„Ich bin eigentlich ganz normal", sagt Boris grinsend und verlässt die Küche.

Hat er recht? Habe ich wirklich kein Rückgrat? Traue ich mich deshalb nicht zu sagen, wenn mir etwas nicht passt?

Ich suche in meinem Gedächtnis nach Situationen der jüngsten Vergangenheit. Sofort fällt mir meine letzte Zahnärztin ein, die mir bei meinen halbjährlichen Routineuntersuchungen immer erst eine Dreiviertelstunde ihre privaten Probleme erzählte, bevor sie 20 Sekunden mein Gebiss anschaute und dann sagte: „Alles in Ordnung. Wir sehen uns in einem halben Jahr."

Ich brachte es nicht übers Herz, ihr zu sagen, dass mich ihr Privatleben nicht interessiert, ja dass es noch nicht einmal besonders unterhaltsam ist. Ich meine, natürlich gehe ich zum Zahnarzt, wenn das Unterhaltungsprogramm passt. Ich will aber nicht zum seelischen Mülleimer für eine Person werden, die ich im Grunde gar nicht kenne, und latent das Gefühl haben, medizinisch unterversorgt zu sein. Dreimal nahm ich mir vor, es ihr zu sagen. Am Ende suchte ich mir einen neuen Zahnarzt und ghostete sie.

Bei meiner Friseurin geht es mir nicht besser. Im Grunde bin ich seit drei Jahren NIE zufrieden mit dem Ergebnis ihrer Schnippeleien, für die sie mir auch noch einen Hunderter aus der Tasche zieht. Trotzdem breche ich jedes Mal in Jubel aus, wenn sie mir nach vollendeter Arbeit den Spiegel vorhält, und zücke meinen Kalender, wenn sie fragt: „Wieder in zwei Monaten?" Ich habe sogar schon überlegt, ob ich ihr sage, dass ich umziehen werde, in irgendeine weit entfernte Stadt, besser noch: ein anderes Land. Sie wohnt aber bei uns in der Nachbarschaft. Heißt, ich müsste *wirklich* umziehen, wenn ich das behaupte, oder mich einer aufwendigen, schmerzhaften und kostenintensiven Gesichtsoperation unterziehen. Beides halte ich für etwas umständlich, außerdem hätte ich keine Ahnung, wie ich Boris zu einem Umzug überreden sollte, geschweige denn zu einer dermaßen radikalen Typveränderung. Stattdessen lüge ich sie jedes Mal an und heuchle Begeisterung. Das sorgt nicht nur dafür, dass ich mich elend fühle (und scheiße aussehe), es hilft ihr doch auch nicht. Denn wie soll sie sich verbessern, wenn ich ihr nicht sage, was sie anders machen soll? Wie kann sie mich überhaupt zufriedenstellen, wenn sie gar nicht weiß, wie mein zufriedenes, gut frisiertes Ich aussieht?

Und dann sind da noch die eBay-Kleinanzeigen. Eine Weile war ich überzeugt davon, dass ich alle Gegenstände, die nach dem Zusammenziehen von Boris und mir doppelt vorhanden waren, online verticken könnte. Ich stellte alles in Netz, von Zitronenpressen bis zu überflüssigen Staubsaugerbeuteln. Drei „Verkäufe" später (die ich absichtlich in Anführungszeichen setze, denn verkauft wurde bei diesen Transaktionen nur meine Seele) hatte ich alle Gegenstände entweder zu einem lächerlich niedrigen Preis durch die halbe Republik geschickt (obwohl in der Anzeige klar und deutlich ABHOLUNG stand, das Porto übernahm selbstredend ich) oder bei den Leuten sogar vorbeigebracht und dann festgestellt, dass sie kein Bargeld zu Hause hatten. Aber wo ich doch schon mal da war ... Und das Kind guckte so süß. Nun ist unser Dachboden vollgestopft mit Dingen, die ich schon vor Jahren hätte wegschmeißen können und die mir permanent ein schlechtes Gewissen bereiten.

Mal im Ernst: Was stimmt nicht mit mir? Wieso ist es mir wichtig, dass Menschen, die mir weder besonders nahestehen noch eine Bedeutung für mein Leben haben, eine gute Meinung von mir haben? Warum bin ich so ein wirbelloser People Pleaser, der es nicht über sich bringt, zu irgendeinem Zeitpunkt mal den Mund aufzumachen und für sich einzustehen?

Immerhin beruflich ist es anders, tröste ich mich. Da kann ich mich durchsetzen ... Oder? Mein Blick fällt auf den Stapel Manuskripte, die mir meine Kollegin zum Prüfen mitgegeben hat. Nicht, weil sie nicht lesen kann oder es selbst aufgrund ihres Arbeitspensums nicht schafft. Aber Nicole steckt gerade in einer schwierigen Phase ihrer Beziehung, sie braucht Zeit für sich und Dennis, und natürlich helfe ich da aus, irgendeiner muss die Arbeit ja machen. Ist ja auch nett, dass sie es mir zutraut, und außerdem ...

Okay. Ich bin ein hoffnungsloser Fall.

Kann man Nicht-nett-Sein lernen? Man kann ja fast alles lernen. Richtig essen, langsam reden, treu sein, in ETFs investieren. Wieso dann nicht, für sich einzustehen? Es ist ja nicht so, dass es nur Jasager auf der Welt gibt (schade eigentlich, dann hätte ich nämlich kein Problem). Männer zum Beispiel können hervorragend die Bedürfnisse anderer hinter ihre eigenen stellen, zumindest die meisten Männer, die ich kenne.

Als Boris einmal bei meiner Zahnärztin war und sie ihn versuchte vollzuquatschen, schaute er nach drei Minuten auf seine Armbanduhr und fragte sie dann: „Können Sie eigentlich gleichzeitig reden und arbeiten?"

Dem Friseur bei uns um die Ecke, zu dem er einmal gehen musste, als es nach dem langen ersten Corona-Lockdown über Wochen keine Termine bei seinem Stammcoiffeur gab, sagte er: „Pass auf, Kumpel, dafür, dass du mich so verunstaltet hast, zahle ich nur die Hälfte, aber ich verklage dich auch nicht wegen Körperverletzung."

Und die Leute bei eBay-Kleinanzeigen, die ausfallend und beleidigend werden, wenn sie die Heißluftfritteuse nicht für ein Viertel des veranschlagten Preises bekommen, blockiert er einfach.

Eigentlich, denke ich neidisch, hat es Boris ganz schön gut. Er kann im Stehen pinkeln, musste noch nie im Leben menstruieren und sagt einfach das, was er denkt. Ohne Sorge zu haben, nicht gemocht zu werden. Erstaunlicherweise mögen ihn die Leute nämlich nicht nur trotzdem, sondern gerade weil er seine Meinung sagt. Sogar Frau Pressel. Die meckernde Ziege verwandelt sich in ein Zwergmeerschweinchen, wenn er mit ihr redet, wohingegen sie mich als menschlichen Fußabtreter verwendet. Das kann doch nicht nur an meinem Geschlecht liegen.

Zu meiner eigenen Verteidigung sei gesagt: Ich habe in meiner Kindheit, Jugend und Adoleszenz sehr häufig gesagt bekommen, wie man sich als nettes Mädchen verhält. Zum einen durch meine Eltern, aber natürlich auch durch die restliche Sozialisation. „Sag Danke, red nicht zu viel, gib den anderen etwas ab." Das Mantra meines Lebens.

Mädchen, die ohne Rücksicht auf Verluste sagten, was sie dachten, galten in meiner Kindheit sofort als vorlaut. (Und nein, es ist noch nicht so lange her, wir sprechen von den späten Achtzigern und frühen Neunzigern. Des 20. Jahrhunderts!) Jungs, die ohne Rücksicht auf Verluste sagten, was sie dachten, waren selbstbewusst. Warum ist Pippi Langstrumpf wohl so beliebt? Weil sie aneckt. Darauf pfeift, was andere sagen. Vor allem, weil sie nicht Annika ist. Das Problem ist aber, dass die meisten Frauen, nicht nur meines Alters, zu Annikas erzogen wurden. Kinder kommen nämlich nicht angepasst auf die Welt, das müssen sie erst werden. Und dann braucht es viele, viele Pippi Langstrumpfs und Therapeuten und Selbstliebe-Seminare, um das wieder geradezubiegen. Das kann doch nicht der Sinn der Sache sein! Wie viel Energie wir global wohl einsparen könnten, wenn wir es von Anfang an anders machen würden?

Vor Kurzem war ich mit einer Freundin auf dem Spielplatz. Ihre Tochter spielte im Sand und warf einem anderen Kind Sand ins Gesicht. Meine Freundin sprang auf, rannte zu der Kleinen und sagte: „Elisa, das darfst du nicht! Du darfst nicht mit Sand werfen." Elisa sah sie aus großen Augen an und sagte: „Aber der Junge hat mich eben von der Schaukel geschubst."

Zwei Meter weiter sagte die Mutter des besagten Jungen zu ihm: „Leon-Liebling, hat das böse Mädchen dir Sand ins Auge geworfen? Dabei wolltest du doch nur mit ihr spielen. Ich weiß, Schatz, das tut weh. Komm, ich kauf dir ein Eis."

Was lernen diese beiden Kinder in dem Moment? Elisa lernt, dass sie sich nicht wehren soll, wenn man sie von der Schaukel schubst (die Schaukel wird später durch die nächste Beförderungsstufe ersetzt). Leon-Liebling lernt, dass er sich nehmen darf, was er will, und am Ende sogar mit Eis belohnt wird. Stellen wir uns einmal vor, die Situation wäre andersherum gewesen. Elisa hätte Leon von der Schaukel geschubst, und Leon hätte sich dafür zur Wehr gesetzt. Ich bin mir ziemlich sicher, dass man Elisa für ihren Schubser zur Rechenschaft gezogen hätte. Immerhin nimmt man anderen Leuten nicht die Spielsachen/Schaukeln/Beförderungen/Männer weg. Und ein Eis hätte sie bestimmt auch nicht bekommen.

Ich mag meine Freundin sehr, sie ist meistens eine tolle Mutter, und als Kinderlose habe ich sowieso kein Recht, mich in die Erziehung fremder Kinder einzumischen. Ich glaube aber dennoch, dass durch solche Aktionen Verhaltensmuster manifestiert werden, aus denen wir uns Jahre später nur unter größten Schmerzen wieder herauslavieren können – wenn es uns überhaupt gelingt.

Dabei ist das Für-sich-Einstehen doch absolut relevant für unsere Gesellschaft. Wir bewundern bei anderen Selbstwert und Selbstbewusstsein, fühlen uns davon magisch angezogen. Sie sorgen für ein authentisches Auftreten, den Mut, Herausforderungen anzunehmen. Selbstbewusste Menschen vertrauen sich, zeigen Nachsicht mit sich und anderen, kennen ihre Schwächen, erlauben sich Fehler und stehen zu ihren Gefühlen. Hell, yeah, wer will nicht mit so einer Person seine Zeit verbringen?

Auch unser soziales Gefüge profitiert von selbstbewussten Menschen. Sie treten nämlich nicht nur für sich, sondern auch für andere ein. Machen den Mund auf, wenn sie Ungerechtigkeit erkennen, setzen sich ein, wenn ihnen etwas wichtig ist. Selbstbewusste Menschen werden für ihre Zivilcourage gefeiert, wenn sie sich in Prügeleien in der Fußgängerzone einmischen, für Schwächere einstehen und sich trauen, sich den gängigen sozialen Praktiken (wegschauen, Handy rausholen, Video auf TikTok hochladen) zu widersetzen. Wir verneigen uns vor Personen, die für sich und andere aufstehen und dem Nett-Sein die rote Flagge zeigen.

Vor lauter Nachdenken raucht mir der Kopf. Je länger ich über die Problematik grübele, desto verwirrender finde ich das Ganze. Wie gut oder schlecht ist es um meinen eigenen Selbstwert bestellt? Hat er damit zu tun, dass ich Konflikten ständig aus dem Weg gehe? Wie soll ich denn nun eigentlich sein? Angepasst wie Annika oder mutig wie Pippi? Und ist es nicht im Grunde egal, wie man sein *soll,* wenn man vor allem man selbst ist?

Aber was bin ich selbst? Bin ich wirklich harmoniesüchtig? Was ist das eigentlich, diese Harmonie?

Ich zücke mein Handy und googele den Begriff. Was ich da lese, finde ich eigentlich ganz okay. Harmonie bedeutet im Wortsinn „Übereinstimmung", „Einklang" oder auch „Zusammenfügung". Daneben ist im Wikipedia-Artikel[13] das Bild eines Schwanenpaars abgebildet, das freundlich die Köpfe voreinander verneigt.

Das mit den Schwänen ist Unsinn, ich hasse die Viecher, seitdem mich ein fuchsteufelswilder Schwanenerpel mal auf seiner Jagd um die halbe Binnenalster in die Ferse gebissen hat und ich lernte, dass die blöden Viecher Zähne haben. Aber das mit dem Einklang und der Übereinstimmung stimmt. Für mich fühlt es sich einfach besser an, wenn mein Gegenüber und Ich auf derselben Frequenz schwingen. Oder unsere Ansichten sich überschneiden. Das erzeugt in mir ein

Gefühl der Zugehörigkeit und Akzeptanz. Ich fühle mich gemocht. Manchmal sogar geliebt. Auf jeden Fall rundherum okay. Und viel besser, als wenn ich den Gesichtern der anderen ablesen kann: Wie um Himmels willen kommt sie zu *dieser* Meinung?

Tinas Worte kommen mir wieder in den Sinn. Die Angst vor der Ausgrenzung. Ob Menschen wohl individuell unterschiedliche Bedürfnisse nach Integration oder Abgrenzung haben?

„Absolut", bestätigt mir Tina einen Tag später. Wir sind ausnahmsweise nicht joggen, sondern schlendern über den Flohmarkt. Ich kann Flohmärkten eigentlich nicht viel abgewinnen, da man genau wie auf Basaren oder bei eBay-Kleinanzeigen um den Preis feilschen muss. Das sorgt in meinem Fall immer dafür, dass ich am Ende mehr bezahle, als das Objekt meiner Begierde wert ist, und ich schwöre: Die Verkäufer wittern das zehn Meter gegen den Wind. Aber Tina hat den Flohmarkt vorgeschlagen, und ich hatte keine bessere Idee. Okay, na gut, ich wollte nicht Nein sagen. Im Grunde ist es mir ja auch egal, wo wir uns treffen (nur eben nicht beim Joggen und auf dem Flohmarkt).

„Es gibt Menschen, die kommen wunderbar mit wenigen Sozialkontakten aus und legen grundsätzlich nicht so viel Wert auf die Meinung anderer. Und dann gibt es andere, die allein bei der Vorstellung, sich abzugrenzen, vielleicht sogar bei irgendeinem Thema mal allein dazustehen, Panik bekommen."

„Ist das anerzogen?", frage ich, als wir bei einem Stand stehen bleiben und das Angebot scannen.

„Nicht nur." Sie sieht mich an. „Um die Persönlichkeit eines Menschen zu beschreiben, benutzen wir in der Psychologie das Modell der Big Five[14]. Das sind die fünf Dimensionen der Persönlichkeit, die in jedem Menschen in unterschiedlicher Ausprägung vorhanden sind: Offenheit für Erfahrungen, Gewissenhaftigkeit, Neurotizismus, Extraversion und", sie zeigt auf mich, „Verträglichkeit."

„Ich habe nur fünf Persönlichkeitsmerkmale?!", will ich aufrichtig entsetzt wissen.

„Nein", lacht Tina, „natürlich nicht. Die Big Five clustern nur die wichtigsten, damit wir in der Lage sind, Persönlichkeiten zu beschreiben."

„Hoffentlich bin ich nicht neurotisch", sage ich und hebe einen mintfarbenen antiken Wecker hoch, der auf dem Tisch vor mir steht.

„25 Euro!", erfahre ich ungefragt von der Frau hinter dem Tisch mit dem Zwergpinscher auf dem Schoß. Ich stelle den Wecker sicherheitshalber zurück.

Tina lacht. „Unter Neurotizismus versteht man nicht, ob jemand neurotisch ist. Kurz gesagt ist es der Wert von emotionaler Labilität und Verletzlichkeit."

Ups. Dann bin ich das wohl.

„Unter Verträglichkeit versteht man Empathie, Rücksichtname und die Bereitschaft zur Kooperation. Menschen haben, genau wie in den vier anderen Merkmalen, unterschiedliche Ausprägungen in diesem Cluster. Manche sind streitbar und verhalten sich eher kompetitiv als kooperativ, sie haben niedrige Verträglichkeitswerte. Personen mit hohen Werten zeigen viel Mitgefühl, Verständnis und Nachgiebigkeit. Oft sind sie sogar altruistisch, stellen die Bedürfnisse der anderen also über ihre eigenen. Das passiert einem Menschen mit niedrigen Verträglichkeitswerten nicht so schnell."

Ich bin mir ziemlich sicher, dass ich mich nicht auf den Faktor Verträglichkeit testen lassen muss. Bestimmt bin in diesem Fach Klassenbeste. Um nicht zu sagen: die Hermine Granger und ihr schnipsender Finger.

„Sind die Ausprägungen vererbbar?", will ich wissen.

„Der Wecker", erinnert mich die Frau hinter dem Tisch. „Woll'n Se den jetzt haben?"

Ich lächle ihr unverbindlich zu, und schüttle kaum merklich den Kopf.

„Das ist schwer zu messen", erklärt Tina weiter und nimmt den Wecker wieder in die Hand. Sie untersucht ihn von allen Seiten. „Man schätzt, dass die Heritabilität, also Vererblichkeit, etwa 50 Prozent beträgt. Der Rest kommt von Umweltfaktoren, Erziehung, Erfahrungen und so weiter. Bei Offenheit für Erfahrungen ist die Erblichkeit übrigens am höchsten, bei Verträglichkeit am niedrigsten."[15] Sie dreht an einem Rädchen auf der Rückseite des Weckers. „Der geht ja noch nicht mal!" Dann stellt sie ihn zurück.

Offenbar wurde mir die Verträglichkeit also nur zum Teil in die Wiege gelegt. Ich weiß nicht, ob ich meinen Eltern böse sein soll, weil sie mich zum angepassten Regenwurm erzogen oder mir ihre Gene weitergegeben haben. Beides Mist im Endergebnis.

Die Frau scheint zu bemerken, dass sie bei Tina keine Verkaufschancen hat. Sie visiert wieder mich an. „20 Euro. Weil Sie nett sind."

Ich grinse verschämt und werde rot. „Danke, aber ich brauche eigentlich keinen Wecker." Vor allem keinen kaputten. „Ist Verträglichkeit denn eine gute Eigenschaft?", hake ich bei Tina nach.

Sie zuckt mit den Schultern. „Psychologen werten nicht in gut oder schlecht. Gesellschaftlich gesehen ist es natürlich erwünscht, wenn ein Mensch verträglich und sozial ist. Es ist aber auch nicht verkehrt, seine Interessen durchsetzen zu können und den eigenen Bedürfnissen Raum zu geben."

„18!", verkündet die Flohmarktverkäuferin. „Das ist mein letztes Angebot."

„Wer zu verträglich ist, stellt sich oft hintan. Das bedeutet, dass er seinen Bedürfnissen keinen Platz einräumt. Und das macht langfristig krank."

Ich schaue Tina entsetzt an. „Was kann denn passieren?"

„Na ja. Man explodiert oder implodiert irgendwann."

Ich stelle mir vor, wie ich eines Tages all meine anerzogene, vererbte Verträglichkeit in einem gewaltigen Vulkanausbruch in die Welt schleudere. Glühendes Magma läuft über meine Lippen, ich habe einen irren Kinski-Blick und Dampf steigt mir aus den Ohren.

„Implodieren ist besser", sage ich schnell.

Tina legt den Kopf schief. „Bedingt. Wer implodiert, macht seinen Ärger mit sich selbst aus und schadet sich damit. Außerdem kühlt er danach oft emotional ab und geht auf Distanz – das ist zwar grundsätzlich nicht verkehrt, macht auf Dauer aber auch nicht glücklich, weil natürlich keiner kapiert, was mit einem los ist."

„Na gut, 15", sagt die Frau hinter dem Verkaufstisch und streckt mir den Wecker erwartungsvoll hin. Mit der anderen Hand streichelt sie den Pinscher. „Oder Seppi muss heute Abend wieder hungrig ins Bett."

Tinas Blick wird dunkel wie die Nacht. Sie schaut die Verkäuferin entgeistert an und will gerade etwas sagen, als ich meinen Geldbeutel herausziehe und mit zwei Scheinen wedle. „Ich nehme ihn."

Als wir uns vom Stand entfernen, ich im Besitz eines neuen, alten, nicht funktionierenden Weckers, schüttelt Tina den Kopf. „Du bist echt zu gut für die Welt."

„Ach", sage ich mit dem seligen Lächeln einer Menschenfreundin im Gesicht und dem Gefühl im Bauch, die nächste Melinda Gates zu sein, „das Ding kann ich doch einfach wieder bei eBay-Kleinanzeigen reinsetzen, wenn ich es nicht mehr brauche." Und ich schwöre, ich schäme mich ein bisschen dabei.

## ÜBUNG

## Moment mal

In Achtsamkeits-Ratgebern steht es geschrieben: Wir tun gut daran, wenn wir unseren Reflexen oder antrainierten Verhaltensmustern nicht zum Opfer fallen, sondern annehmen, was ist, ohne es zu bewerten. Das verschafft uns Zeit, eine angemessene Reaktion zu finden, mit der wir uns wohl- und authentisch fühlen.

Klingt zu schön, um wahr zu sein, oder? Dabei ist es wirklich nicht schwer. Das Einzige, was wir brauchen, ist Zeit.

Und zwar die Zeit, die zwischen einem Ereignis und unserer Reaktion darauf liegt. Normalerweise sind das Millisekunden. Achtsamen, bewussten Menschen gelingt es, sich Raum zu verschaffen, bevor sie (wie auch immer) reagieren, entweder verbal, emotional oder körperlich. Die gute Nachricht lautet: Je häufiger du das praktizierst, desto besser wirst du.

1. Reaktion: Atmen. Machst du sowieso bis zu 20.000-mal unbewusst am Tag. Wie wäre es mit einem einzigen bewussten Ein- und wieder Ausatmen? Gern tief bis in den Bauch hinein. Das dauert, wenn du es richtig machst, mindestens zwei Sekunden, die du schon mal gewonnen hast.

2. Leg dir einen kleinen Vorrat an Sätzen zu, die du zukünftig sagen kannst, um dir Zeit zu verschaffen. Diese Sätze kannst du tatsächlich oder auch nur in Gedanken zu dir sagen – Hauptsache, du gewinnst dadurch Zeit.
   - Darüber denke ich noch einmal nach
   - Ich komme später auf dich zurück.
   - Danke für deine Perspektive.
   - Das ist eine interessante Haltung zu dem Thema.
   - Da spüre ich mal kurz rein.
   - Die Anregung nehme ich mal mit.
   - Das möchte ich nicht jetzt entscheiden.
   - …

3. Verlass den Raum. Es muss nicht lange sein, zehn Sekunden genügen. „Bin gleich wieder da." Das geht so gut wie immer, es sei denn, du fliegst gerade mit einer Rakete zur Internationalen Raumstation. Dann nimmst du aber vermutlich andere Bücher mit als meins. Also

geh. Verlasse die Situation und mache draußen drei bewusste Atemzüge. Vielleicht hilft es dir auch, dich einmal kurz durchzuschütteln. Mein Hund macht das immer, wenn ihn irgendwas stresst. Da mein Hund ein sehr ausgeglichener Typ ist, glaube ich, dass das Ausschütteln eine gute Sache ist. Vergiss aber nicht, wieder zurück zu deinem Konflikt zu kehren – ansonsten gibt es im Anschluss noch mehr Ärger.

# KAPITEL

4

# Nabelschau: You can get a girl out of the Spice Girls – but you can never get the Spice Girls out of a girl

„Wollen wir zusammen Mittagspause machen?", fragt Paul, ein neuer Kollege. Ich mag ihn, er ist ein netter Typ. Vielleicht ein bisschen zu nett, denke ich in diesem Augenblick. Oder sehe ich Gespenster?

„Heute nicht", antworte ich und beschließe, meinem Bauchgefühl zu vertrauen. Better safe than sorry. „Ich muss noch was fertigkriegen."

Kurz halte ich inne. Merkwürdig, dass ich die Erklärung, warum ich nicht mit ihm Mittagessen gehen möchte beziehungsweise kann, einfach so hinterhergeschoben habe. Als ob ich mich erklären müsste. Paul hat ja nicht gefragt, warum ich seine Einladung ausschlage. Ich habe im vorauseilenden Gehorsam einfach schon mal loserklärt, ohne dass es eine Notwendigkeit dafür gab. Mache ich das öfter? Ich scanne meine Erinnerung und finde 2.394.202 Sucheinträge. Allein für letzte Woche.

Er lächelt. „Einen Kaffee später?"

Ich schwöre: Ich denke darüber nach, kurz und knapp Nein zu sagen, ihn freundlich anzulächeln und mich wieder meiner Arbeit zuzuwenden. Aber 39 Jahre alte, auf Hochglanz polierte Verhaltensmuster legt man nicht ab wie einen hässlichen, aus der Mode gekommenen Hut.

„Heute ist es wirklich schlecht, ich muss nachher noch bei meinen Eltern vorbei, wenn ich also früher gehen will, sollte ich besser keine Pausen machen." In meinem Hirn geht eine

Meldung ein: Warum erzählst du ihm das??? Dann kommt das Unfassbare: „Wir könnten morgen zusammen Mittagspause machen."

Noch während ich beobachte, wie die letzte Silbe durch den Raum schwingt und in Pauls Ohr eindringt, möchte ich mir gern mit der flachen Hand gegen die Stirn schlagen. Wenn er nach meinem Empfinden wirklich etwas *zu* nett ist, könnte ein gemeinsames Mittagessen eine besonders blöde Idee sein, oder?

„*I wo*", behauptet eine Stimme in meinem Ohr. Bei dieser Gelegenheit könntest du ihm doch mal ganz unverbindlich von Boris erzählen.

„Spitze!", sagt Paul und freut sich. „Ich such was raus." Er zwinkert mir zu und geht.

Mist.

Anstatt den Berg Arbeit abzutragen, der sich auf meinem Schreibtisch auftürmt, und mich auf das erfundene Treffen mit meinen Eltern vorzubereiten, surfe ich durchs Internet und versuche, eine Erklärung für mein Verhalten zu finden. Wohl wissend, wie groß die Gefahr ist, dass meine Recherche gewaltig nach hinten losgeht. Als ich vor Kurzem nach einer Joggingrunde mit Tina meine anhaltenden Schmerzen in der Wade googelte, war ich mir am Ende ziemlich sicher, in Kürze an einer Lungenembolie zu sterben, verursacht durch einen Thrombus in meiner Arterie. Tatsächlich ging der Muskelkater nach drei Tagen von allein wieder weg, sodass ich am darauffolgenden Mittwoch auch wieder an die Alster humpeln konnte. Das Internet ist zuweilen ein böser Ort, man erfährt Dinge, die man besser nicht erfahren hätte, und teilt gleichzeitig Informationen über sich mit, die man nicht mal sich selbst beichten würde. Insofern rechne ich mit allem, als ich mich auf die Suche mache. Auch damit, am Ende des Tages erkennen zu müssen, dass ich eine verhaltensgestörte Psychopathin bin und eine einsame Hütte im Wald für mich die einzige Chance darstellt, meinen 40. Geburtstag zu erleben.

Ich gebe die Koordinaten ein. Auf meiner Reise durch die unendlichen Weiten des digitalen Weltraums lande ich auf unterschiedlichen Planeten. Der erste heißt *Hochsensibel.* Hochsensible Menschen nehmen mehr wahr als viele andere, haben keine richtigen Filter, um das Grundgetöse der Welt auch mal auszuschalten, und leiden deswegen oft an einer Art sensorischer Überlastung. Selbst mikroskopisch feine Schwingungen im zwischenmenschlichen Umgang entgehen ihnen nicht, weil ihr neuronales Netzwerk empfänglicher ist.[16] Disharmonie ist ihnen ein Graus, sie tun alles dafür, um jedweden Konflikten großräumig aus dem Weg zu gehen. Zwischen 15 und 20 Prozent der Weltbevölkerung sind angeblich hochsensibel.[17] (Erstaunlich, wenn man sich überlegt, wie viele Arschlöcher da draußen rumlaufen …)

Ich bin begeistert. Ich bin nämlich lieber hochsensibel als empfindlich oder ein „Sensibelchen". Dann aber lese ich weiter, dass Hochsensible zu Perfektionismus neigen und häufig eher introvertiert sind. Ich will nicht angeben, aber perfektionistisch bin ich nun wirklich nicht. Introvertiert auch nicht, zumindest dieses Buch spricht ja von einem gewissen Sendungsbewusstsein. Spätestens als ich lese, dass Kaffee und Alkohol sich nicht gut mit Hochsensibilität vertragen, bin ich mir ziemlich sicher, dass ich es nicht bin und nicht sein möchte. Sicherheitshalber mache ich noch einen Persönlichkeitstest von einer der Websites, und beim dritten Mal spuckt er endlich das Ergebnis aus, das ich mir wünsche: nicht hochsensibel. Gut. Was kann es dann sein? Ich fliege weiter zum nächsten Planeten und lerne, dass es Empathen gibt. Die ticken ähnlich wie die Hochsensiblen, nehmen aber eher auf einer energetischen Ebene wahr.[18] Im Gegensatz zu den Hochsensiblen, auf die unentwegt Tausende von Informationen einprasseln, aus denen sie sich die stärksten Signale heraussuchen und lesen, fühlt der Empath, wie es Menschen in seinem Umfeld geht. Er nimmt Schwingungen wahr, kleinste Veränderungen, hat eine ausgeprägte Intuition und leidet gern auch schon mal mit, wenn es jemand anderem schlecht geht. Manchmal verzweifelt er am Leid der Welt, was dazu führt, dass er sich Auszeiten von allem nehmen muss.

Ich denke an die vielen Videos von geretteten Hunden auf Instagram, die ich mir eine Zeit lang täglich reingezogen habe. Es beschämte mich damals, dass ich andauernd in Tränen ausbrach, wenn Tierretter wieder mal einen misshandelten Hund aus einem viel zu kleinen Zwinger holten, dessen Ketten sich über die jahrelange Misshandlung schon in den ausgemergelten Körper hineingefressen hatten. Doch so schrecklich ich die Videos fand, ich konnte nicht aufhören, sie anzusehen. Manchmal saß ich danach katatonisch auf dem Sofa, streichelte den Kopf meines Hundes und vergoss bitterliche Tränen. Das ging so lange, bis ich mir irgendwann selbst verbot, diese Filmchen anzusehen, und mich stattdessen dafür entschied, kein Fleisch und keinen Fisch mehr zu essen und zu versuchen, so viele tierische Produkte wie möglich durch pflanzliche zu ersetzen (auch wenn ich bei italienischen Sahnesoßen-Gerichten von Zeit zu Zeit eine Ausnahme mache). Ich habe nicht das Gefühl, auf etwas zu verzichten – ich trage vielmehr dazu bei, dass meinetwegen keine weiteren herzzerreißenden Videos von misshandelten Hunden, Kühen oder Hühnern im Netz kursieren, die noch mehr Menschen traurig machen.

Zum Glück dürfen Empathen, selbst wenn sie sich vorrangig pflanzlich ernähren, Alkohol und Kaffee trinken. Das macht mich froh, so ein bisschen Lebensfreude bei all den anstrengenden Gefühlen und überfordernden Wahrnehmungen der Welt tut ja auch ganz gut.

Aber wie funktioniert überhaupt Empathie? Ich erfahre, dass es die Spiegelneuronen sind, die uns zu mitfühlenden Lebewesen machen.[19] Dass es Spiegelneuronen gibt, weiß die Menschheit erst seit den Neunzigerjahren. Bei Versuchen mit Makaken (bei dem Gedanken daran möchte ich schon wieder heulen!), die eigentlich herausfinden sollten, wie unser Hirn plant und handelt, bemerkten die Forscher, dass das Gehirn der Affen nicht nur dann Aktivität zeigte, wenn sie selbst nach einer Nuss griffen, sondern auch dann, wenn sie andere Artgenossen dabei beobachteten. Es dauerte noch ein paar Jahre, bis die Wissenschaft herausfand, dass wir dieselben Spiegelneuronen haben, die im präfontalen Kortex (Stirnlappen) sitzen und dafür sorgen, dass wir Gefühle bei anderen nicht nur erkennen, sondern sie auch nachempfinden, das Verhalten anderer intuitiv nachahmen (zum Beispiel Lächeln und Gähnen) oder Körpersprache kopieren. Genau aus diesem Grund heißen die Neuronen auch Spiegelneuronen, denn sie spiegeln, was wir empfangen, und lassen uns dasselbe empfinden.[20]

Das muss ich unbedingt Boris erzählen! Seit Jahren diskutieren wir darüber, ob seine schlechte Laune, die er manchmal am Morgen hat, ansteckend ist. Et voilà, nun habe ich den wissenschaftlichen Beweis. Insbesondere deswegen, weil Wesen meines Planeten, Empathia X-3000, bestimmt noch viel mehr Spiegelneuronen als andere haben und deswegen auf so ziemlich alles reagieren, mit dem sie irgendwie in Resonanz gehen. Heißt: Ich kann mit großer Sicherheit gar nichts dafür, dass ich a) jede Veränderung in meinem Gegenüber sofort registriere oder fühle und b) augenblicklich eine emotionale Kopie dieser Gefühlslage in meinem eigenen Organismus erstelle, was dazu führt, dass ich immer sehr mitleide, wenn es jemandem schlecht geht, und meine Stimmung steigt, wenn ein anderer gute Laune hat. Die Verantwortung hierfür kann ich also mit gutem Gewissen abgeben, für meinen Stirnlappen und meinen Hormonhaushalt kann ich ja nix. Steckste einfach nich drin.

Aber meine Eltern! Wieder einmal. Denn ob ein Mensch viele Spiegelneuronen hat und sie oft einsetzt, hängt (zumindest vermuten das einige Forscher, und ich bin gewillt, ihnen zu glauben) davon ab, wie oft er von Mama und Papa angelächelt wurde und welche Gefühle sie ihm gezeigt haben. Im Teenageralter werden im Gehirn dann noch einmal massive Umbauarbeiten vorgenommen. (Ich sage es nicht gern, aber das erklärt im Nachhinein EINIGES und macht mir begreiflich, warum sich Jugendliche zuweilen so unfassbar komisch verhalten.) Empathie und Spiegelneuronen werden neu miteinander verknüpft. Wir laufen also noch mal Gefahr, dass der Umbau schiefgeht, was ebenfalls Auswirkungen auf unsere Psyche und unser Wesen haben kann. Kleine Ereignisse können sich in dieser sensiblen Phase der Großbaustelle Hirn nämlich zu Traumata entwickeln, die uns ein Leben lang begleiten. Das ist, wie wenn man nach Jahren Betrieb den alten

Flughafen dichtmacht und einen neuen, vollkommen überteuerten Hauptstadtflughafen baut, dort aber die falschen Kabel legt und den Flugbetrieb, also die Empathie, damit nachhaltig stört. Wo habe ich das schon mal gehört?

Für einen kurzen Moment bleibe ich gedanklich an dieser Stelle hängen. Wie war ich als Kind? War ich da auch schon so harmoniebedürftig? Und konfliktvermeidend? Und nett? Ich krame in meinem Gedächtnis, aber es ist wie verhext: Ich bekomme zwar jede Menge Bildmaterial präsentiert, habe aber jegliches Gefühl für mich als kleinen beziehungsweise heranwachsenden Menschen verloren.

Vielleicht habe ich Paul vorhin ja doch nicht angelogen. Ich muss unbedingt meine Eltern sehen.

„Du warst schon immer lustig", sagt meine Mutter. Nach der Arbeit bin ich direkt nach Hause gefahren und habe sie nach meinem Kinder-Ich gefragt. „Und vorlaut. Mann, was hab ich mich manchmal für dich geschämt!"

„Iiiich?", frage ich fassungslos. Ich weiß nicht, wie viele Schlagfertigkeitsratgeber ich seitdem gelesen habe – sie waren alle nutzlos. Denn bis auf ein Räuspern kriege ich keinerlei geistreiche Reaktion mehr hin. Vor allem nicht dann, wenn es drauf ankommt.

„Ja! Du hast den Leuten auf den Kopf zugesagt, was du von ihnen denkst, das war schon erstaunlich."

Sie muss mich mit einer meiner Schwestern verwechseln. Das kann doch nicht sein.

„Bist du sicher?"

„Klar. Einmal hast du einem alten Mann gesagt, dass sein Teppich verrutscht ist." Mama fängt an zu kichern. „Du meintest sein Toupet. Und eine Frau hast du mal gefragt, ob sie schwanger ist. Als sie entrüstet verneinte, meintest du nur ganz trocken: ‚Würde ich noch mal überprüfen lassen.'"

Ich blinzele, weiß nicht, was ich davon halten soll. Klar, Kinder sagen, was sie denken. Aber zwischen der Göre, von der meine Mutter berichtet, und meiner heutigen Version liegen ja Welten!

„Irgendwann hörte das dann auf", sagt Mama nachdenklich. „Es war in deiner Pubertät. Da wurdest du mit einem Mal still. Es war richtiggehend unheimlich."

Das finde ich bemerkenswert. Ich kann mich nämlich beim besten Willen an kein Ereignis in meinem Leben erinnern, das mir die Schlagfertigkeit genommen und das Nett-Sein aufgezwungen hätte.

Um sicherzugehen, blättere ich nach dem Abendessen ein paar Fotoalben aus der Zeit durch. Ich kehre in einige ästhetisch sehr fragwürdige Momente meiner Geschmacksfindung zurück, leide stellvertretend noch einmal mit, als ich Bilder von mir und den hellblauen Haaren entdecke, die ich seinerzeit unfassbar cool fand, schüttele den Kopf über nigelnagelneue Levis-Jeans für 150 Mark, die ich direkt nach dem Kauf an der Innenseite 20 Zentimeter aufgeschnitten habe, damit ich wie ein Rheinisch-Westfälisches Kaltblut aussehe, und stoße schließlich auf ein Foto, das mich aufmerken lässt.

Darauf sind fünf Mädchen abgebildet, alle zwischen 13 und 14 Jahren. Ich erkenne Julia, Sarah, Irene, Anka und mich. Wir sehen aus wie eine billige Nachahmerband der Spice Girls. Anka sitzt ganz vorn, sie soll Posh Spice sein, die „Schicke", weshalb sie ein etwas zu enges schwarzes Etuikleid trägt und sich den dunkelbraunen Bob ordentlich geföhnt hat. Irene, als Einzige blond und vom Typ her eher schüchtern, steckt in einem rosafarbenen Babydoll-Kleidchen, sie soll Baby Spice repräsentieren. Julia trägt das, was sie vom 11 bis zum 16. Lebensjahr immer trug: Turnhosen mit seitlichen Knöpfen zum Aufreißen, sogenannte Schnellfickerhosen, deswegen ist sie Sporty Spice. Zwischen Sarah und mir wurden Scary und Ginger Spice aufgeteilt, und weil ich damals rote Haare trug (weiß Gott, was ich mir dabei dachte), musste sie Mel B und ich Geri mimen. Wir waren ein eingeschworener Haufen, sicher auch ein bisschen Furcht einflößend für unsere Klassenkameraden, hingen die Wochenenden zusammen ab, tauschten Jungs wie Partyoberteile und hielten uns für unzerstörbar.

Bis zu dem Tag, der alles veränderte. Zumindest für mich. Es war irgendwann in der achten Klasse, ich erinnere mich, dass es Sommer gewesen sein muss. Die halbe Woche über hatten sich die Mädels mir gegenüber ein bisschen komisch verhalten, Anka schnippte mit Kommentaren um sich, Irene und Sarah steckten die Köpfe zusammen, und Julia war hauptsächlich cool. Dann, am Freitagnachmittag, nach der letzten Stunde, sagte Anka plötzlich: „Lea, bleib doch gleich noch einen Moment, ja?"

Ich wusste sofort, dass Ärger ins Haus stand.

Tatsächlich erfuhr ich in den folgenden 30 Minuten, dass die Spice Girls entschieden hatten, Ginger Spice eine Solokarriere zu ermöglichen. Gemeinsam habe man befunden, dass es das Beste für die Band sei, wenn man sich im Guten trenne, es müsse auch niemand erfahren, was passiert sei, die Öffentlichkeit werde man mit einer geeigneten Pressemeldung informieren.

Ich stand da wie vom Donner gerührt. Und verstand die Welt nicht mehr. Wieso wollten meine Freundinnen mich loswerden? Was um Himmels willen hatte ich ihnen getan? Ich fragte nach.

„Du redest andauernd, drängst dich ständig in den Vordergrund und willst immer entscheiden. Und bei den Jungs verhältst du dich so kindisch, echt mal, Lea, das wollen wir so nicht", erklärte Anka wie der Advocatus Diaboli, während Irene und Sarah wenigstens den Anstand hatten, betreten zu Boden zu gucken. Julia starrte desinteressiert aus dem Fenster und meinte: „Dauert das noch lang? Ich will eine rauchen."

Die Spice Girls zogen an diesem Nachmittag ohne Ginger ab und ließen sie und ihr am Boden liegendes Selbstwertgefühl im einsamen Klassenzimmer zurück. Ich fuhr, heulend, nach Hause und wog mich ein Wochenende lang in der sichereren Erkenntnis, ein durch und durch schlechter, nicht liebenswerter und unerträglicher Mensch zu sein. Und natürlich erzählte ich niemandem davon. Es war mir so unendlich peinlich, ich schämte mich in Grund und Boden. Ich hatte ja nicht mal irgendetwas Dummes oder Gemeines getan, wofür ich mich hätte entschuldigen können – ich war einfach kacke. Man muss kein Psychoanalytiker sein, um sich vorstellen zu können, was das mit dem fragilen Selbstwert eines Teenagers anrichten kann. Sicher gibt es Jugendliche, die solch ein Ereignis nicht weiter interessiert, die es mit einem Schulterzucken abtun oder durch das Tal der Tränen gehen und dann wie der Phönix aus der Asche wiederaufstehen. Und natürlich kann ich nicht ausschließen, dass ich wirklich dieser kackige, egoistische, ätzende Mensch war, als den mich die anderen, vorwiegend Anka, beschrieben. Aber mich erschütterten diese 30 Minuten im leeren Klassenraum damals in meinen Grundfesten. Selbst als Anka und Julia am Montag auf mich zukamen und mir generös eine Reunion samt anschließender Welttournee und Best-of-Album anboten, konnte ich den Schmerz nicht verwinden, den sie mir zugefügt hatten. Ich war offiziell zur B-Ware erklärt worden.

Ich lächelte zwar, dankbar und nach wie vor beschämt, machte wieder mit und versuchte, an die alte Fröhlichkeit anzuknüpfen, doch ich erinnere mich genau, dass ich damals empfand: Es ist nicht mehr dasselbe. Sie mögen dich im Grunde nicht, und du bist auf ihre Gnade angewiesen. Lass dir bloß nichts mehr zuschulden kommen.

Als ich das Bild in meiner Hand anstarre und all die Gefühle von damals wieder hochkommen, möchte ich im ersten Moment in Tränen ausbrechen, und im zweiten Moment bei Anka und Julia anrufen, mit denen ich seit 20 Jahren keinen Kontakt mehr habe, und ihnen mal von Spice Girl zu Spice Girl ein paar sehr ehrliche Takte sagen. Das käme mir aber ein bisschen, nun ja, nachtragend vor. Und außerdem, was soll das bringen? Es wird mir weder Genugtuung verschaffen noch den Knacks in meiner Seele heilen. Das kann ich vermutlich nur selbst tun.

Im Auto auf dem Weg nach Hause suche ich bei Spotify ein Lied von den Spice Girls raus: „2 Become 1". Ich drehe die Lautsprecher auf volle Pulle und singe schräg und falsch mit, mir doch egal, was die anderen Verkehrsteilnehmer von mir denken. Heute Abend darf ich sein, wie ich bin. Verkorkst, zerdellt, voller Kratzer und Schrammen. Oder wie eine gute, alte Schallplatte, die immer und immer wieder an derselben Stelle hängen bleibt.

## ÜBUNG

## Nachrichten aus einem unbekannten Universum

Jeder von uns hat schon einmal eine Situation erlebt, in der er oder sie sich rundherum abgelehnt gefühlt hat, sei es in einem Vorstellungsgespräch, beim Schlussmachen oder in einer H&M-Umkleidekabine beim Badeanzugkauf. Manche dieser Situationen brennen sich so in unserem emotionalen Gedächtnis ein, dass sie eine Verletzung hinterlassen. Wir können das Ereignis vergessen, sogar die Ablehnung, doch in unserem Unterbewusstsein treibt sie weiter ihr Unwesen und manipuliert uns in unserem heutigen Leben, obwohl die Sache doch längst verjährt sein sollte.

Egal, ob du den Finger punktgenau in die Wunde legen kannst oder nur ein diffuses Gefühl der Ablehnung aus einer vergangenen Zeit verspürst: Stell dir vor, dein heutiges, vermutlich schwereres, aber unendlich viel klügeres Ich würde dieser jüngeren Version von dir einen Besuch abstatten. Sag ihr oder ihm die Dinge, die du in dieser Zeit hättest hören wollen: dass du ein liebenswerter Mensch bist. Dass dieses Ereignis nicht die Macht hat, dich zu beeinflussen. Und dass dir in 20 Jahren nicht mehr wichtig ist, wer Anka und Julia sind.

**Beispiel:**

*Es ist okay, wenn mich dieses Ereignis damals erschüttert hat. Aber es ist an der Zeit, die Sache hinter mir zu lassen. Ich bin nicht mehr die Person von damals. Die Verletzungen/Demütigungen/... haben nicht mehr die Kraft, mich heute noch zu beeinflussen. Ich darf meinen Frieden damit machen, auch mit den Personen, die mich damals verletzt/gedemütigt/... haben. Ich bin gut, wie ich bin – liebenswert, vollkommen unperfekt und von oben bis unten menschlich. Deswegen lasse ich das Ereignis nun gehen. Tschüss, mach's gut und lass dich hier bloß nicht noch mal blicken!*

# KAPITEL

# 5

# Diplomatenstatus:
# Warum es gut ist, wenn einer die Stimmung im Blick behält

„Aber es hat ja wohl auch sein Gutes, wenn es jemanden gibt, der nicht immer gleich draufhaut!", rufe ich über das Prasseln der Dusche.

Boris steht am Waschbecken und putzt sich die Zähne. Er nuschelt etwas, das nicht unbedingt zustimmend klingt.

Ich stelle das Wasser ab und greife nach dem Handtuch. Als ich es um mich gewickelt habe und nach dem Abzieher für die Duschtür greife, hebt Boris den Kopf. Er beobachtet mich, wie ich das Glas bearbeite.

„Is' was?", frage ich ihn.

„Ich habe mich die ganze Zeit gewundert, wofür das Ding eigentlich gut ist."

„Und ich habe mich die ganze Zeit gewundert, warum die Duschwand immer so verkalkt ist!", rufe ich etwas lauter als beabsichtigt.

Er zuckt mit der Schulter und grinst.

„Jetzt sag doch auch mal was dazu", fordere ich ihn auf.

Boris überlegt einen Moment, scheint nicht zu wissen, worauf ich hinauswill.

„Diplomatie!", helfe ich ihm entnervt auf die Sprünge. „Wenn alle immer gleich losbellen würden, wäre unser Zusammenleben doch schrecklich."

Er greift nach der Rasierschaumdose und schäumt sich das Kinn und die Wangen ein. „Stimmt. Aber wenn alle so wären wie du, könnte man das Zusammenleben auch vergessen."

Ich halte im Abtrocknen inne und blicke ihn verdutzt an.

„Na ja, niemand würde den anderen je sagen, was er wirklich denkt, aus Angst, sie zu verletzen oder einen Streit vom Zaun zu brechen. Das würde dafür sorgen, dass die Konflikte unter der Oberfläche schwelen, vorne rum alle nett lächeln, aber hinter dem Rücken die Messer wetzen."

„Das ist doch Quatsch."

„Wenn du meinst", sagt Boris (für seine Verhältnisse ausgesprochen diplomatisch) und wendet sich wieder seinem Spiegelbild zu. „Ich möchte auf jeden Fall in keiner Welt leben, in der alles unter den Teppich gekehrt wird."

Während ich mich schminke und mir die Haare föhne, denke ich über seine Worte nach. Vor vielen Jahren las ich mal das Buch eines niederländischen Autors, in dem Menschen die Gedanken der anderen lesen konnten. Ich weiß noch, dass ich dachte: Was für eine Horrorvorstellung! Keine noch so kleine, harmlose Notlüge war möglich. Auch Filme wie *Was Frauen wollen* (ein Mann weiß, was alle Frauen denken) oder *Der Dummschwätzer* (Mann ist dazu verdonnert, immer die Wahrheit zu sagen) waren für mich echte Gruselschocker, weil ich die Vorstellung so schrecklich fand, dass jemand ALLES mitschneidet, was ich denke, oder ich zur ungeschminkten Wahrheit gezwungen werde. Gleichzeitig frage ich mich, ob es zwischen meinem Unterbewusstsein, dass mich merkwürdige Dinge tun, sagen und denken lässt, und der fremden Macht, die mich zu schonungsloser Ehrlichkeit verdonnert, wirklich so ein großer Unterschied ist – denn beide Male entscheide ja nicht ich selbst, wie ich mich verhalten will.

Mit einem Punkt hat Boris aber natürlich recht: Wer versucht, es immer allen recht zu machen, sagt nicht, was er wirklich denkt oder fühlt. Er ist vielleicht nett, ausgleichend und zugewandt, unterdrückt aber seine wahren Empfindungen – und verrät dadurch letztendlich sich selbst. Zudem gibt er dem Konflikt zusätzliches Futter.

Ich denke an den Freund von Tina, der aus einem völlig übersteigerten Harmoniebedürfnis heraus in einer Beziehung, einer Ehe und schließlich einer Affäre landete. In dieser Konstellation kann keiner der Beteiligten mehr einen Blumentopf gewinnen – sie bedeutet Schmerz und Kummer für alle. Sogar für das arme Kind, das am allerwenigsten dafür kann, dass sein Vater so ein Schlappschwanz ist. Wenn auch nur im übertragenen Sinne.

In diesem Moment fällt mir etwas auf: In den meisten Fällen, wenn ich einen Konflikt oder eine Konfrontation vermeide, lobe ich mich anschließend selbst dafür, weil ich den *anderen* ja Ärger erspart habe. Ich denke natürlich nur an sie dabei ... Aber das stimmt ja überhaupt nicht. Die Einzige, die mit ihrer Harmoniesucht in meinem Fokus steht, bin ich selbst. Die anderen sind nur meine Alibis. Ich benutze sie, um einer Unannehmlichkeit aus dem Weg zu gehen. Das ist nicht nur feige, das ist auch ziemlich manipulativ und gemein. Zu guter Letzt ist es aber auch mir selbst gegenüber unfair, weil ich meine eigenen Bedürfnisse (sieht man von meinem übersteigerten Wunsch, gemocht zu werden, einmal ab) völlig ignoriere.

Wow. Ich bin eine egoistischere Kuh, als ich für möglich gehalten hätte. Und ich musste fast 40 Jahre alt werden, um zu erkennen, dass es einen Unterschied zwischen Harmoniesucht und Friedfertigkeit gibt. Letztere bedeutet den Willen, Frieden zu schließen und zu wahren. Erstere will Frieden um jeden Preis sicherstellen, und sei er noch so abwegig. Dabei sorgt fehlende Konfliktbereitschaft dafür, dass die Probleme nicht verschwinden – im Gegenteil, sie schließen sich zusammen und wachsen zu einer Art Mount Everest auf, siehe Tinas Freund, der, das kann man wohl so sagen, nun richtig am Arsch ist. Konflikte muss man zeitnah abarbeiten. Sie sind wie staubsaugen, Zahnreinigung und Steuererklärung: nicht geil, aber wenn man es nicht macht, wird's hintenraus richtig unangenehm. Also lieber jeden Tag ein bisschen was erledigen, als am Ende des Jahres in einer dreckigen Bude mit Parodontose dem Gerichtsvollzieher die Tür öffnen.

Bestimmt kann man Konflikte üben. So wie Französisch-Vokabeln. Oder in drei Zügen rückwärts einparken. Wird beides nicht besser, wenn man sich davor drückt. Und ich muss mich ja nicht gleich mit dem Endgegner anlegen. Stattdessen ist es vielleicht wirklich wie bei Super Mario: Ich fange im ersten Level an und steigere mich langsam.

Beschwingt schlüpfe ich in meine Klamotten und nehme mir vor, heute einen kleinen Konflikt zu üben. Vielleicht sogar zwei – mal sehen, was so unterwegs ist. Da ich noch neu in dem Business der Konfrontationen bin, wird es sich sowieso um Babykonflikte handeln, die Boris vermutlich nicht einmal als solche erkennen würde. Und wenn ich Level 1 nicht packe, fang ich morgen einfach noch mal von vorn an.

Auf dem Weg zur Arbeit bin ich guter Laune. Ein bisschen aufgeregt, das schon, aber eher kribbelig und voller Vorfreude. Ja, genau: Vorfreude. Ich kann es selbst kaum glauben, doch meine Neugierde, welche Konflikte mich heute wohl erwarten, ist tatsächlich größer als die Angst. Was wohl auf mich zukommt?

Das Erste, was auf mich zukommt, ist ein Geschenk von meiner Kollegin Sophia. Sie war gerade auf Mykonos und zeigt mir ihre beneidenswerte Bräune, als wir uns in der Kaffeeküche treffen. Dann fängt sie an zu schwärmen, vom guten Essen, dem tollen Wetter, den netten Griechen ...

„Und bevor ich es vergesse, ich hab dir etwas mitgebracht!", ruft sie begeistert.

Ich kann meine Mundwinkel nur schwer davon abhalten, zwei Etagen tiefer zu sinken. Sophia ist ein Goldstück, und es macht mir wirklich gar nichts aus, ihre Büroblumen zu gießen, wenn sie im Urlaub ist. Leider bringt sie mir als Dankeschön aber immer etwas mit, und in zehn von zehn Fällen ist dieses Mitbringsel eine unvergleichliche, nutzlose Schrecklichkeit. Mal ein himmelschreiend hässlicher Kerzenständer in Form einer Meerjungfrau (aus Kopenhagen), mal ein sinnloses, funktionsloses Porzellanschwein (aus Mallorca) oder eine Plastikcolaflasche in Originalgröße, die man als Flaschenöffner benutzen kann (aus den Vereinigten Staaten). Boris und ich haben bereits einige Schrottwichtelabende mit Sophias Souvenirs versorgt, obwohl ich danach in der latenten Angst lebte, dass Sophia über eine tragische Verkettung der Umstände eines Tages ihr eigenes Mitbringsel an mich aus dem Schrottwichtelsack ziehen würde – und ich wäre enttarnt. Denn natürlich traue ich mich nicht, ihr zu sagen, dass ihre Geschenke nicht nur überflüssig wie Hämorrhoiden, sondern auch richtig scheiße sind. Noch viel weniger traue ich mich, die 1001 Hässlichkeiten direkt zu entsorgen. Dafür kommt Sophia viel zu oft in mein Büro und hält nach ihren Souvenirs Ausschau. Ich muss also sehr vorsichtig und trickreich bei der Beseitigung sein. Den Flaschenöffner habe ich angeblich mit nach Hause genommen, weil wir dort angeblich keinen hatten, in Wahrheit jedoch beim Tauschhaus abgegeben. Das Porzellanschwein ist mir heruntergefallen (mehrmals, ehrlich gesagt, das Ding war nämlich stabiler als gedacht). Nur die Meerjungfrau steht wirklich auf meinem Schreibtisch, ich gebe ihr noch zwei Monate, dann wird auch sie ein bemitleidenswertes Schicksal ereilen.

Und nun das.

Ich starre auf den 20 Zentimeter großen Esel, den mir Sophia freudestrahlend vor die Nase hält. Der Esel ist braun, hat ein Plastikfell, das sich wie die knisternden Stofftiere vom Jahrmarkt anfühlt, und eine pinkfarbene Satteldecke mit billigem, goldenem Dekor. Die Augen sind leicht schief aufgeklebt, was dazu führt, dass der Esel in zwei unterschiedliche Richtungen blickt. Ein bisschen tut er mir leid, er ist nämlich wirklich hässlich und kommt garantiert nicht aus Mykonos, sondern aus Taiwan.

„Ist der nicht süß?", gurrt Sophia. „Ich bin extra noch einmal zu dem Stand zurück, weil ich den Esel einfach nicht vergessen konnte. Ich finde, er passt so gut zu dir!"

Konsterniert betrachte ich das Souvenir des Grauens in meinen Händen. Wieso erinnert dieses hässliche Ding meine Kollegin an mich? Ist das am Ende vielleicht sogar nett gemeint? Und was kann ich tun, um den Esel nicht ein höflichkeitsbedingtes Anstandsjahr in meinem Büro stehen zu haben und mir dann eine Ausrede einfallen lassen zu müssen, um das arme Tier loszuwerden?

Ich räuspere mich. Die Vorfreude von vorhin ist wie weggeblasen. Dann hüstele ich angestrengt. „Kann der irgendwas?", presse ich hervor.

Sophia schaut mich aus großen Augen an. „Ob der was kann? Außer hübsch aussehen, meinst du?" Sie wirkt hilflos. „Ich glaube ... also ... nein, der kann nichts." Meine Kollegin lässt den Kopf hängen. „Er gefällt dir nicht, stimmt's?"

Das ist *die* Gelegenheit, ihr zu sagen, dass ich sehr gern ihre Blumen gieße, aber nie wieder, nicht in 100 Jahren, etwas von ihren Reisen mitgebracht bekommen möchte.

„Nein!", rufe ich stattdessen in gespieltem Entsetzen. „Esel sind meine Lieblingstiere. Und der hier guckt so niedlich."

Sophia wirkt sehr erleichtert. Sogar der Esel sieht mit einem Mal viel weniger leidend aus. „Da bin ich aber froh. Mensch, hast du mir einen Schrecken eingejagt."

Level 1. Ich muss vermutlich erst noch warm werden.

In der Mittagspause greife ich zum Hörer und rufe Boris an. Ich habe ihm, gleich nachdem Sophia mein Büro verlassen und den hässlichen Esel auf meinen Schreibtisch neben die verunstaltete Meerjungfrau gestellt hat, ein Bild von dem missratenen Ding geschickt. Als Erstes bekam ich eine 30-sekündige Sprachnachricht, in der nur Boris' lautes Lachen zu hören war. Dann eine Kurzmitteilung: *Diese Hässlichkeit bleibt schön bei dir im Büro.*

„Ich weiß nicht, was ich tun soll. Ich will Sophia nicht verletzen, gleichzeitig möchte ich verhindern, dass sie mir weiterhin so einen Mist aus dem Urlaub mitbringt."

„Hör auf, ihre Blumen zu gießen", schlägt Boris vor, der offenbar das Angenehme mit dem Nützlichen verbinden will.

„Nein", knurre ich.

„Dann sag ihr freundlich, dass du ihre Geste zu schätzen weißt, dir die Mitbringsel aber nicht gefallen."

„Oh Gott, das kann ich doch nicht machen! Sie hat sich was dabei gedacht, sich Mühe gegeben, ist sogar extra noch mal zu dem Stand gegangen, um mir den Esel mitzubringen."

Boris seufzt. „Du musst es ihr ja nicht so sagen, wie ich es ihr sagen würde. Versuch es doch einfach diplomatisch."

„Wie soll das denn aussehen?", fahre ich ihn an.

„Danke für dein Souvenir, ich fände es aber schöner, wenn du mir nichts mehr mitbringst", schlägt Boris vor, wobei ich mich sofort frage, warum er mit mir nie so redet.

„Ich weiß nicht, ob sie das versteht", gebe ich skeptisch zu bedenken.

Er stöhnt genervt. „Dann verbrenn die Scheiße auf dem Hof. *Das* versteht sie."

„Boris!"

„Ist doch wahr. Ehe du anfängst, deine Meinung zu sagen, finden wir intelligentes Leben auf dem Mars."


„Jede Provokation ist eine Einladung zur Auseinandersetzung", sagt der systemische Therapeut am späten Nachmittag desselben Tages. Eine Empfehlung von Tina, die mir so offenbar mitteilen möchte, dass sie unserer Gespräche überdrüssig geworden ist. Der Therapeut gießt Wasser aus einer Karaffe in zwei Gläser. „Es ist Ihre Entscheidung, ob Sie die Einladung annehmen."

Ach so?, denke ich und stelle mir vor, wie es laut und schrillend an meiner Haustür klingelt. Als ich sie öffne, steht eine Einladung zur Auseinandersetzung vor meiner Tür, mit müdem Gesicht und einem beigefarbenen Trenchcoat. Sie erinnert mich an einen Staubsaugervertreter, der die Tage bis zur Rente mit einem Abreißkalender zählt. „Guten Tag", nuschelt die Provokation und hebt ihre speckige Ledertasche. „Darf ich Sie zu einem Konflikt einladen?"

Ich schaue den Therapeuten an. Ich bin erst seit 20 Minuten hier, und der Typ redet nicht lange um den heißen Brei herum. Die 160 Euro scheinen gut investiert.

„Und wenn die Einladung hartnäckig bleibt?"

Vor meinem inneren Auge verwandelt sich der Staubsaugervertreter in unsere Nachbarin Frau Pressel mit Kittelschürze und Handfeger in der Hand, die mir mit Zornesfalte auf der Stirn verkündet, dass ich wieder mal den Treppenhausdienst vergessen habe.

Der Therapeut zuckt mit den Schultern. „Es bleibt Ihre Entscheidung. Sie müssen ja nicht alles annehmen, was man Ihnen anbietet. Oder?"

Ich beuge mich nach vorn, trinke einen Schluck aus meinem Wasserglas und nicke bedächtig. Vermutlich spricht er auch vom Esel von Mykonos und der dänischen Meerjungfrau. „Stimmt."

Der Gesichtsausdruck des Therapeuten verändert sich. Schockiert starrt er das Glas in meinen Händen an. „Bedienen Sie sich immer einfach selbst, wenn Sie Gast sind?"

Ich erstarre. Mein Blick wandert zum Wasserglas, dann zur Karaffe. Hastig stelle ich das Glas zurück auf den Tisch, wobei ich etwas vom Inhalt verschütte. „Entschuldigung", murmele ich schnell, „ich dachte, das wäre, also … Es tut mir leid. Das war unhöflich."

Der Therapeut sieht mich einen Moment lang ernst an, dann legt er den Kopf in den Nacken und lacht.

Was ist denn jetzt los? Habe ich schon wieder etwas falsch gemacht?, denke ich, vollends verwirrt.

Als sich der Therapeut wieder beruhigt hat, sieht er mich durchdringend an. „Die meisten Menschen hätten gerade anders reagiert als Sie", erklärt er mir. „Beispielsweise, indem sie mich gefragt hätten, was denn eigentlich mit *mir* nicht stimmt, immerhin habe ich das Wasser eingegossen und Ihnen damit zu verstehen gegeben, dass Sie davon trinken dürfen. Sie jedoch", er macht eine dramatische Pause, „haben sich dafür entschieden, die Schuld sofort bei sich zu suchen." Er zuckt mit den Achseln. „Deshalb nehmen Sie Provokationen auch so dankbar an. Sie sind eine willkommene Einladung für Ihr Unterbewusstsein, sich mit Ihren Selbstzweifeln zu beschäftigen."

Ich kaue an meiner Lippe und fühle mich ertappt. Mist.

„Lernen Sie, die Tür zuzulassen", rät mir der Therapeut. „Sie müssen sie ja nicht mit Schmackes zuschlagen. Wenn Ihnen jemand einen Konflikt anbietet, schauen Sie sich die Sache in Ruhe an und entscheiden dann, ob Sie Energie, Nerven und Lust haben, in die Auseinandersetzung einzusteigen."

In Gedanken klingelt es wieder an meiner Tür. Ich schaue durch den Spion nach draußen und sehe im Flur einen hübschen, kleinen Konflikt mit roter Schleife um den Bauch stehen. Er hebt die Hand und winkt. „Hallo", ruft er, „ich würde dich gern auf eine Auseinandersetzung einladen."

Ich atme tief durch, öffne die Tür und lehne mich locker am Rahmen an. „Heute ist es schlecht", sage ich entspannt.

„Ach so." Der Konflikt zupft an seiner Schleife. „Vielleicht ein anderes Mal." Dann dreht er sich um und geht.

„Ist es wirklich so einfach?", frage ich skeptisch.

Er blinzelt. „Nein. Es ist verflucht schwer, wenn man es nicht gewohnt ist. Und die Selbstzweifel werden trotzdem an Ihnen nagen."

Ich erzähle ihm von meinem Sündenregister, das ich mindestens einmal am Tag hoch und runter rattere, wie die alten Anzeigen in den Flughäfen mit klappernden Buchstaben und Ziffern. Immer dann, wenn mir jemand eine Nachricht hinterlässt, deren Inhalt „Wir müssen reden!" oder „Ruf mich bitte mal an, es gibt etwas, das wir besprechen sollten" lautet, bricht bei mir die Panik aus. Eigentlich sogar dann, wenn sich jemand mal 24 Stunden nicht auf eine Mail oder Whats-App-Nachricht meldet. Was habe ich falsch gemacht? Habe ich etwas gesagt, was ich nicht hätte sagen sollen? War ich unfair? Habe ich mich verletzend verhalten? Ich starre hoch zur Sündenregisteranzeige und bange. Manchmal gehen meine Selbstzweifel so weit, dass ich mich sogar frage, ob ich durch Nichtstun ein Problem oder einen Konflikt verursacht habe. Und das ist – mit Verlaub – selbst in meinem Kopf, wo das Chaos in solchen Momenten entsteht, völlig bescheuert.

Der Therapeut nickt und wirkt dabei sehr weise. „Menschen mit übersteigertem Harmoniebedürfnis haben das häufig. Sie sind der Meinung, sich immer korrekt und gut verhalten zu müssen, weil sie Konflikten damit aus dem Weg gehen. Aber hier beißt sich die Katze in den Schwanz." Er holt ein Papier und schreibt zwei Worte auf, die er mit Pfeilen verbindet.

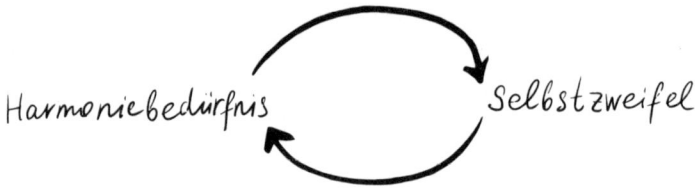

Harmoniebedürfnis      Selbstzweifel

„Ihre Selbstzweifel beeinflussen Ihren Wunsch nach Harmonie, denn jeder Konflikt bedeutet für Sie Stress und Gefahr und lädt Sie dazu ein, sich mit Ihren Unzulänglichkeiten zu beschäftigen. Gleichzeitig nährt Ihr Harmoniebedürfnis Ihre Selbstzweifel. Da Sie Konflikten stets aus dem Weg gehen, sie abwiegeln und sich selbst hintanstellen, bekommen Ihre Selbstzweifel mehr Macht, als Ihnen guttut."

„Das klingt alles plausibel", erwidere ich nachdenklich. „Aber was mache ich jetzt mit der Erkenntnis?"

Der Therapeut lehnt sich in seinem Stuhl zurück, verschränkt die Finger ineinander und lächelt. „Üben Sie!"

Na, für diese Erkenntnis hätte ich aber keine 160 Euro ausgeben müssen.

„Streiten?"

„Konflikte. Fangen Sie klein an und steigern Sie sich langsam. Wenn Sie erfahren haben, dass ein Konflikt nicht gleich bedeutet, dass Sie weniger liebenswert sind, haben Sie auch nicht mehr so viel Angst davor, sich ihm zu stellen." Er lehnt sich vor. „Nur eine kleine Warnung am Rande: Wenn Sie erst mal anfangen, Konflikte auszutragen, werden Sie bald schon viel mehr davon in Ihrem Leben haben."

Mein Mund ist trocken. Die Vorstellung, in den kommenden Wochen genau davon mehr zu bekommen, um das ich eigentlich einen großen Bogen mache, lässt mich erschaudern. Mein Glas ist leer, die Karaffe auch. „Kann ich noch etwas zu trinken haben?", bitte ich den Therapeuten.

„Nö", sagt er und grinst.

Kurz bin ich irritiert. Dann verstehe ich, dass er mich schon wieder testet. Ich lehne mich in meinem Stuhl zurück und sage ruhig: „Sind Sie immer so ätzend?"

Der Therapeut bricht erneut in Lachen aus. „Machen Sie sich mal keine Sorgen, Frau Blumenthal. Sie schaffen das schon."

Zwei Dinge habe ich heute gelernt:

- Konflikte sind Einladungen, die ich annehmen oder ablehnen kann.
- Ein Therapeut, der mich auslacht, stört mein Harmoniebedürfnis. Ich werde nie wieder zu ihm gehen.

## ÜBUNG

## Bitte recht freundlich!
## (Gewaltfreie Kommunikation[21])

Kann man lernen, Konflikte auszutragen? Kann man. Tatsächlich gibt es eine ziemlich brauchbare Formel aus der Gewaltfreien Kommunikation, die sich hervorragend auch für Neueinsteiger anbietet (auch wenn sie ursprünglich wohl eher für die Streithammel unter uns entwickelt wurde). Die Gewaltfreie Kommunikation setzt sich aus vier Teilen zusammen: Beobachtung (Ich nehme wahr), Gefühl (Ich fühle mich), Bedürfnis (Ich brauche) und Bitte (Ich bitte dich darum).

Nehmen wir das Beispiel von Sophias griechischem Esel. Natürlich könnte ich zu ihr gehen, das hässliche Tier auf ihren Schreibtisch kloppen und sagen: „Bring mir nie wieder etwas mit!" Die Wahrscheinlichkeit wäre allerdings groß, dass ich Sophia damit verletzen würde, sie mich möglicherweise sogar als undankbar wahrnähme – was ich verhindern möchte. Nach der Formel der Gewaltfreien Kommunikation sage ich stattdessen:

- **Beobachtung:** „Ich habe bemerkt, dass du mir aus jedem Urlaub eine Kleinigkeit mitbringst."
- **Gefühl:** „Ich mag diese Geschenke nicht, sie lösen ein unangenehmes Gefühl in mir aus."
- **Bedürfnis:** „Es wäre mir lieber, wenn du mir zukünftig nichts mehr mitbringst."
- **Bitte:** „Lass uns von dem Geld bei Gelegenheit lieber eine Kleinigkeit essen gehen. Oder du spendest etwas an eine Organisation vor Ort, zum Beispiel für misshandelte Esel?"

Klingt super, oder? Ich gebe zu, in natura habe ich die Gewaltfreie Kommunikation noch nicht ausprobiert. Werde ich aber bald. Morgen. Oder nächste Woche. Ach, da ist Sophia wieder in Urlaub? Schade ...

# KAPITEL
## 6

# Everybody's darling is everybody's Depp: Raus aus dem Dramadreieck

Nicole steht in meinem Büro. „Ich komm einfach nicht weiter! Die Chefin hat mir diese Präsentation aufs Auge gedrückt. Natürlich mit voller Absicht! Ich hasse sie."

Ich war gerade dabei, meine Sachen zusammenzupacken und mich in den Feierabend zu verabschieden, als die Kollegin in der Tür auftauchte. „Ach, so schlimm ist es bestimmt nicht."

„Doch", jammert sie und verbirgt verzweifelt das Gesicht in den Händen.

„Was hast du denn bereits geschafft?", frage ich, auch wenn eine Stimme in meinem Kopf flüstert: Ist das dein Problem?

Nicole blickt mich an. Sie sieht aufrichtig verzweifelt aus. „Zwei Folien."

„Und wie viele sollen es werden?"

„15."

„Siehst du. Der Anfang ist gemacht", sage ich ermunternd, stehe auf und schultere meine Tasche. „Bis wann musst du denn fertig sein?"

Nicole knabbert an ihrer Unterlippe. „Morgen."

Oh.

„Um neun."

Oh, oh.

Ich werfe einen Blick auf die Uhr. „Dann wird das wohl 'ne Nachtschicht."

Nicoles Gesicht hellt sich auf. „Ich wusste, dass du mir hilfst, Lea. Du bist die Beste!"

Äh ... what?

„Ich geh schnell meinen Laptop holen, und dann bestell ich uns was bei Asia Quick. Du bist natürlich eingeladen." Sie flitzt aus dem Büro, und ich lasse mich ermattet zurück auf meinen Schreibtischstuhl sinken. Wie ist denn *das* bitte passiert? Ich habe ihr meine Hilfe doch gar nicht angeboten. Oder habe ich? Nein, sie ist einfach davon ausgegangen, dass ich mir den Abend für ihre Präsentation um die Ohren schlage – eine Präsentation, mit der ich rein gar nichts zu tun habe. Mist.

Ich rufe Boris an und erzähle ihm von meinem Dilemma. Er lacht. „Du läufst so lange gegen die Wand, bis du es merkst."

Das macht mich richtig sauer. „Im Ernst, würdest du einem Kollegen eine solche Bitte ausschlagen?"

„Aber hundert pro", sagt Boris. „Wieso kommt sie erst jetzt zu dir? Wer ist diese Nicole überhaupt? Doch nicht die Tussi, die dir die ganze Zeit schon ihre Aufgaben aufbrummt?"

Schade. Ich dachte, er würde mir weniger zuhören, wenn ich von der Arbeit erzähle. Und sich vor allem weniger merken.

„Nein, das ist eine andere", flunkere ich. „Sie ist neu und kennt sich noch nicht so gut aus." Beinahe fühle ich mich gut dabei. Denn wenn Nicole wirklich neu wäre, wäre es doch ein feiner Zug von mir, ihr unter die Arme zu greifen, oder nicht? Leider ist Nicole drei Jahre länger in dem Unternehmen als ich. Und sie verdient mehr. Bei weniger Wochenstunden. Finde den Fehler ...

„Ich kann dir nur den Tipp geben, sie irgendwann sich selbst zu überlassen. Ehrlich, Lea, du kannst nicht die ganze Welt retten."

Etwas beleidigt lege ich auf. Mein Freund könnte wirklich netter zu mir sein. Vor allem könnte er anerkennen, dass Leute wie ich auf diesem Planeten eine aussterbende Spezies sind. Ich habe nichts davon, Nicole zu helfen, Alinas Baby-Shower-Party zu organisieren oder die Masterarbeit eines entfernten Bekannten zu korrigieren. Ich mache das, weil ich es will und weil ich es kann. Gäbe es mehr selbstlose, altruistische Menschen, würde es unserer Welt sicher besser gehen. Aber nein, es schauen ja alle immer nur auf sich. Nun, ich bin nicht so. Ich bin besser. I am fucking Wonder Woman.

Nicole kommt wieder herein und klappt ihren Laptop auf. Ich erkenne auf den ersten Blick, dass ihre zwei Folien nur etwa zu Hälfte befüllt sind, und das auch nur mit Lorem-ipsum-Text. Sie hat also nichts. Zum Glück bin ich zumindest ein wenig im Thema drin und habe schon eine Idee, wie wir das Problem lösen können.

„Ich bestell uns mal was beim Asiaten. Und dann machen wir es uns gemütlich!", zwitschert Nicole. Sie geht raus, um die Bestellung aufzugeben, während ich mich an die Arbeit mache.

Nach einer halben Stunde, die ersten beiden Folien sind nun wirklich befüllt, kommt Nicole wieder. „Sorry, ich hing ewig in der Warteschlange fest. Essen ist in einer Stunde da." Das Handy in ihrer Hand klingelt. „Oh, mein Freund, dem muss ich kurz sagen, dass es später wird. Bin in einer Minute wieder da."

Ich öffne die Schublade meines Rollcontainers, angele eine Packung angebrochener Kekse heraus und konzentriere mich auf die Arbeit. Als Nicole wieder zurückkommt, ist die fünfte Folie fertig.

„Wow, was für ein Typ!", sagt sie und lässt sich auf den Stuhl neben mir fallen. „Ich sage ihm, dass ich noch arbeiten muss, und er drückt mir ein Beziehungsgespräch. Im Ernst, wenn ich könnte, wäre ich sofort weg."

Aber du kannst doch?, denke ich, sage aber nichts. Ich will hier fertig werden, und Nicoles Probleme tangieren mich peripher. Deutsch für: gehen mir am Arsch vorbei. Ich höre mir ihre Probleme nur an, weil ich zu nett bin, ihr die Meinung zu geigen.

„Schau mal, ich habe fünf Folien fertig. Am Anfang ein paar allgemeine Fakten, dann tauchst du tiefer ins Thema ein, hier noch eine Studie, die ich im Netz gefunden habe. Und jetzt bräuchte ich den Input von dir."

Nicole schaut mich erwartungsvoll an. „Von mir?"

„Ja, du wirst doch irgendwelche Inhalte haben, die in die Präsi sollen. Oder?"

Sie klimpert mit den Wimpern.

„Oder?", hake ich nach.

Nicole nimmt sich einen Keks. „Klar. Ich geh mal schnell rüber und hol die Unterlagen."

Ich atme tief ein und aus, während ich dabei zusehe, wie sie davonwuselt. Wieso nimmt sie schon wieder ihr Handy mit? Das hilft ihr ja wohl nicht bei der Suche. Oder haben die Unterlagen einen Peilsender? Eine Stunde hocke ich jetzt schon hier, mein Magen knurrt, meine Schultern sind verspannt, ich habe keine Lust mehr. Als Nicole nach weiteren 20 Minuten immer noch nicht wieder da ist, gehe ich in ihr Büro.

Nicole telefoniert. Mit ihrem Freund.

„Er ist total aufgelöst", sagt sie und hält dabei den unteren Teil des Handys zu, damit er nicht mithört. „Ich glaube, es geht ihm gerade nicht gut. Aber ich habe die Unterlagen gefunden."

Mit knirschenden Kieferknochen greife ich nach den Papieren und stapfe wieder in mein Büro. In diesem Moment klingelt es an der Tür. Der Lieferdienst. Ich nehme die Tüte in

Empfang und will die Tür gerade wieder schließen, als der Lieferant sagt: „Moment, bezahlen?!"

Also zurück in Nicoles Büro. Sie drückt mir ihren Geldbeutel in die Hand. Darin finde ich eine Monatskarte des öffentlichen Nahverkehrs, eine Bonuskarte einer Kaffeerösterei und diverse Kassenzettel, nur leider kein Bargeld.

Meine Geduld ist bereits seidenpapierdünn, als ich den Lieferanten selbst bezahle und mich mit dem mittlerweile lauwarmen Essen vor meinen Rechner setze. Von Nicole fehlt jede Spur. Ich bin drauf und dran, sie einfach hier hocken zu lassen. Für einen Augenblick denke ich sogar darüber nach, ihr Chop Suey über der Tastatur auszuschütten, aber dann hätte sie morgen eine prima Ausrede, warum sie ohne Präsentation auftaucht, und die will ich ihr nicht geben. Also mache ich weiter, während ich das glutamatverfeinerte Schnellimbissessen in mich reinstopfe, von dem ich garantiert wieder Bauchschmerzen kriege.

Nach einer halben Stunde werde ich ruhiger. Vielleicht war ich gerade etwas ungerecht. Oder hangry. Nicole kann ja nichts dafür, dass sie in ihrem Job so schlecht ist. Und einen beknackten Freund hat. Okay, sie hat zu spät mit der Präsentation angefangen, aber das passiert uns allen mal. Ich bin ja auch noch da. Und Hand aufs Herz, so viel Besseres hatte ich heute Abend eh nicht vor. Also sammele ich noch ein paar Karmapunkte und fühle mich gut, weil ich einer Kollegin in Not helfen kann. Girls Power!

Nicole kommt ins Büro, sie trägt ihre Winterjacke. „Es tut mir total leid, Lea, aber ich muss leider los. Ein Notfall."

Wie erstarrt sitze ich da und weiß nicht, ob ich lachen oder weinen soll. Hat die einen Vogel? Wie stellt sie sich das vor?

Ich kann doch schlecht ihre Präsentation zu Ende machen. Demonstrativ klappe ich ihren Laptop zu.

„Tja, schade. Dann habe ich mir die Arbeit bis jetzt wohl umsonst gemacht."

„Was? Wieso?"

„Na, weil ich dir sicher nicht die ganze Präsentation zu Ende machen werde. Du musst den Termin morgen verschieben. Ruf die Chefin an und erklär es ihr."

In Nicoles Miene spiegeln sich unterschiedlichste Gefühle wider: Entsetzen, Fassungslosigkeit, Ärger, Wut, Trauer – und Hoffnung. Alles auf einmal, was eigentlich nur Jim Carrey schafft.

„Du kannst mich doch jetzt nicht hängen lassen!", keucht sie. „Ich brauche dich. Bitte, Lea! Ich verliere meinen Job, wenn ich morgen nicht liefere. Du weißt doch, wie die Chefin ist."

„Beim besten Willen, das geht nicht. Wie willst du das denn morgen präsentieren? Du kennst ja nicht mal die Inhalte!"

„Ich stehe morgen ganz, ganz früh auf und arbeite mich ein. Okay?" Sie klimpert wieder mit den Wimpern. „Okay? Bitte, Lea!"

Ich sage nichts. Alles, wirklich restlos alles in mir verlangt danach, dass ich aufstehe und gehe und Nicole in ihrem Dilemma sitzen lasse.

Dann denke ich an den nächsten Tag. Da wird Nicole vermutlich (leider) nicht gefeuert sein, sondern immer noch meine Kollegin, und mich bis zum Ende meiner Tage hassen. Sie wird allen von diesem Kollegenschwein erzählen, das ich bin, und nie wieder wird jemand mit mir in der Mittagspause essen gehen. Nicht mal Paul. Und ich werde Opfer des Obelix-Effekts[22], benannt nach dem dicken Gallier, der nix vom

Zaubertrank abkriegt, den sich die restliche Kohorte ein-
verleibt. Mit neidischen Blicken werde ich ihnen hinterher-
schauen, wenn sie lachend und feixend ins italienische Bistro
um die Ecke aufbrechen, während ich meine trockene Stulle
aus dem Butterpapier wickle.

Ich kann Nicole nicht hängen lassen. Das ist mit meinen
moralischen Werten nicht vereinbar. Und sagte ich nicht eben
noch, es müsste mehr Menschen wie mich ...

Nicole stürmt auf mich zu, umarmt mich kurz und heftig
und sagt: „Was wäre ich nur ohne dich? Schick mir die Präsi
einfach an meine Mailadresse, ja? Bis morgen. Tschüssi!"
Dann ist sie weg.

Ich überlege, es ihr gleichzutun. Doch sofort schlägt das
schlechte Gewissen zu. Sie verlässt sich auf mich. Und will ich
verantwortlich sein, dass Nicole ihren Job verliert? Sie hat ja
schon diesen blöden Freund und ist, weil sie eine dumme Kuh
ist, eigentlich genug gestraft.

Andererseits: Muss ich das etwa ausbaden? Für eine Sekunde ziehe ich in Betracht, die Präsentation fertig zu machen,
aber eine heimliche Nachricht an meine Chefin darin zu hinterlassen. Ich könnte auch irgendwas Gemeines reinschreiben,
Nicole schaut sich das Ding doch morgen Früh eh nicht mehr
an. Dann fallen mir die vielen, vielen Mittagessen ein, die ich
zukünftig allein verbringen werde. Diese Disharmonie würde
ich nicht aushalten. Also Augen zu und durch.

„Schon mal was vom Dramadreieck[23] gehört?", will Tina wissen, als ich ihr am Mittwoch davon erzähle. Ihre Frage klingt
sehr ernst, dabei hat sie gerade noch schallend gelacht.

„Nein", antworte ich. „Ist das was aus Seifenopern?"

„Fast. Das Dramadreieck ist ein Transaktionsmodell, an dem mindestens zwei Personen, manchmal auch drei beteiligt sind. Es besteht aus Täter, Opfer und Retter und hilft dabei, Verhaltensweisen zu analysieren und zu verstehen."

„Aha", antworte ich und winke noch einmal den Kellner heran. Weil es heute regnet, treffen wir uns in einem Café. Ich stelle fest, dass ich Regen seit einiger Zeit ziemlich gern mag, aber nur mittwochs.

„Das Besondere ist, dass die Rollen ständig tauschen. Aus Täter wird Opfer, aus Retter Täter, aus Opfer Retter und so weiter. Verstanden?"

„Nee", sage ich. „Ich glaube, ich bin immer nur Retter."

Tina lacht noch mal und holt eine Serviette. Mit einem Kugelschreiber beginnt sie, ein auf dem Kopf stehendes Dreieck zu malen und jeden Winkel zu beschriften.

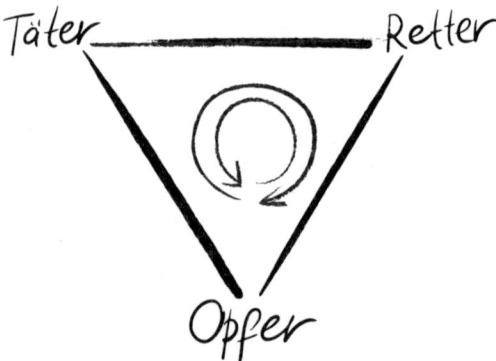

„Als deine Kollegin in dein Büro kam und dich um Hilfe gebeten hat, wer hatte da welche Rolle?"

„Die Chefin war Täter. Nicole Opfer. Und ich Retter."

„Genau. Dann hat dich Nicole allein arbeiten lassen, während sie telefoniert hat. Was wurde da aus dir?"

„Opfer", stelle ich verblüfft fest. „Und aus Nicole Täter."

„Exakt." Tina sieht zufrieden aus. „Und als du darüber nachgedacht hast, sie mit der Sache allein zu lassen?"

„Da wurde ich Täter, und sie wieder Opfer."

Tina nickt. „Das Problem mit dem Dramadreieck ist, dass man nur schwer wieder rauskommt, wenn man sich erst mal dafür entschieden hat, Teil des Ganzen zu sein."

Das sind keine guten Nachrichten.

„Ich hab mich nicht entschieden!", sage ich entrüstet. „Nicole hat für mich entschieden."

Der Stift in Tinas Hand tippt auf ein Wort. Opfer.

„Scheiße."

„Genau."

„Und aus dem Dreieck kommt man nie wieder raus?" Ich, Lea Blumenthal, gefangen in einer geometrischen Form.

„Doch. Indem man das Entgegengesetzte von dem tut, was von einem erwartet wird oder der Rolle entsprechen würde." Sie sieht mich einen Moment lang nachdenklich an. „Eigentlich warst du beinahe an dem Punkt, hast dich dann aber wieder breitschlagen lassen."

Ich nicke. Mir ist gerade ein Kronleuchter aufgegangen. „Als Nicole sich verdünnisiert hat."

„Da hättest du sie sitzen lassen müssen – nicht sie dich. Im Grunde schon früher, aber das war die letzte Haltestelle."

Oh Mann. Von wegen Wonder Woman. Ich bin so ein Würstchen. Ach nein! Kein Opfer mehr sein, tadele ich mich sofort in Gedanken.

„Hat sie sich wenigstens bedankt?", will Tina wissen.

Ich wiege den Kopf hin und her. „Für ihre anschließende Beförderung nicht. Für meine Hilfe schon."

„Wow." Tina schaut mich an. „Ihr wärt super Forschungsobjekte für die Wissenschaft."

„Wieso?"

„Deine Kollegin profitiert vom sogenannten Peter-Prinzip[24] – und das vermutlich seit Jahren. Sie wurde so lange hochbefördert, bis sie auf einem Posten landete, für den sie nicht die erforderlichen Kompetenzen mitbringt. Kommt in so ziemlich jedem Unternehmen vor."

Das erklärt, warum so viele inkompetente Leute unseren Laden führen. Was das wohl über unsere Regierung aussagt?

„Ist Nicole attraktiv?", hakt Tina nach.

„Äh, ja. Ich denke schon."

„Dann könnte es auch der Halo-Effekt[25] sein. Weil sie attraktiv ist, hält man sie auch für schlau. Dieser Eindruck wird meistens nur sehr langsam oder gar nicht korrigiert."

Ich seufze. „Vor allem dann nicht, wenn Nicole ständig in eine neue Position befördert wird."

Irgendwie macht mich das Gespräch zunehmend unzufriedener. Ich sehe nicht so toll aus wie Nicole, die aufgrund ihres Äußeren maßlos überschätzt wird, und als Dank werde ich übersehen. Läuft bei mir.

„Du hingegen", fährt Tina fort, als ob sie meine Gedanken lesen könnte, „leidest am Mona-Lisa-Syndrom[26]. Es bezeichnet das Phänomen, dass vor allem Frauen im Job geschätzt, aber gern übergangen werden. Hauptsächlich bei Beförderungen, Lob, Anerkennung und Ähnlichem. Und anstatt sich zur Wehr zu setzen, lächeln und helfen die netten Frauen einfach weiter."[27]

„Super."

„Weißt du, was die Herausforderung von Leuten mit Helfersyndrom[28] ist?"

Ach, das habe ich auch noch? Ich sollte aufhören, mich mit Tina zu treffen. Nicht nur wegen des Joggens.

„Es gibt dir das Gefühl, gebraucht zu werden. So polierst du einerseits dein Selbstwertgefühl auf und musst dich andererseits nicht mit deinen eigenen Bedürfnissen beschäftigen."

Okay, nun wäre ich eindeutig doch lieber joggen gegangen. Dann könnte ich jetzt meinem natürlichen Fluchtreflex folgen und einfach wegrennen.

„Hm", sage ich stattdessen. „Aber brauchen wir nicht Menschen, die sich gegenseitig unterstützen?" – „Das ist das Stichwort", meint Tina. „Gegenseitig. Beim Helfen ist es fast wie bei allem anderen, es kommt auf das richtige Verhältnis an. Wenn du immer nur gibst, aber nie nimmst, wirst du ausgenutzt und außerdem todunglücklich. Karmapunkte allein reichen nämlich nicht. Wir wollen und sollen für unser Helfen schon anerkannt werden."

Sie hat so recht! Mit meiner fortwährenden Hilfsbereitschaft bin ich wie so ein tumber Retriever, der seinem Herrchen immer wieder das Stöckchen vor die Nase legt und hofft, dass er fürs Zurückbringen gelobt wird. Damit heimse ich Lob ein und überzeuge mich davon, dass ich ein wichtiger Mensch für mein Umfeld bin. Und zwar nicht, weil ich *bin*, sondern weil ich etwas *mache*. Ich erzeuge Selbstwert über meine Leistung, mein Handeln und mein Tun. Offenbar bin ich der Meinung, dass man mich nicht mögen kann, ohne dass ich etwas dafür machen muss. Die Erkenntnis ist so erhellend wie erschreckend. Und gerade fühle ich mich einfach nur mies.

„Wähle besser aus, für wen du dich langmachst", rät mir Tina. „Du musst ja nicht zum egoistischen Arsch mutieren. Aber so ein bisschen Selbstliebe stünde dir gut zu Gesicht."

Sie beugte sich vor, legt mir die Hand auf den Arm. „Ich mag dich nämlich, ohne dass du etwas für mich tust."

Ich schaue Tina lange in die Augen. Wenn du wüsstest, denke ich mir. Und schweige.

## ÜBUNG

## With a little help from a friend

Neigst du dazu, Aufgaben von anderen zu übernehmen und andauernd in die Retter-Rolle zu fallen? Bietest du deine Hilfe vielleicht sogar proaktiv an, ohne dass du darum gebeten wurdest? Dann wird es Zeit, dir darüber Gedanken zu machen, wem du damit eigentlich helfen willst: deinem angeknacksten Selbstwert oder wirklich den anderen?

Schreibe dir auf, von welchen Menschen du ebenfalls Hilfe empfängst. Das ist dein Inner Circle. Hier darfst du dein Helfersyndrom hemmungslos ausleben. Alle anderen, die nicht zu diesem inneren Kreis gehören, müssen leider draußen bleiben. Nehmen und geben, das ist die Devise! Nicht geben und geben. Damit hilfst du am Ende niemandem, sondern machst dich zum Deppen für Menschen, die deine Aufmerksamkeit, deine Kraft und deine Energie weder wert sind noch zu schätzen wissen.

# KAPITEL

# 7

# Wer Ja sagt, muss auch Nee sagen: Warum es uns so schwerfällt, unsere Meinung zu vertreten

Es ist genug. Die Sache mit Nicole hat mein Fass zum Überlaufen gebracht. Und dann steht da auch noch dieser hässliche Esel auf meinem Schreibtisch, den ich immer noch nicht zu Sophia zurückgebracht habe. Zu allem Überfluss hat mir Paul eine Banane mit einem aufgemalten Kussmund ins Büro gelegt, daneben ein Zettel: *Mittagspause zusammen?*

Es muss sich etwas ändern. Und zwar sofort.

Ich sehe mich in eine Boxarena einlaufen. Ein Handtuch ist um meine Schultern gelegt, ich tippele auf den Zehenspitzen vorwärts, mache Probeschläge in die Luft. Linker Haken, rechter Haken, links, rechts, links ...

„Du musst sie in die Flanke treffen“, raunt mir Boris, mein Trainer, zu, während er mir den Mundschutz zwischen die Lippen schiebt. „Kurze, schnelle Schläge. Du schaffst das, Champ.“

Ich nicke ihm zu, dann zwänge ich mich durch die Seile in den Ring. Dort steht Nicole, übermächtig und mit einem schweren goldbesetzten Gürtel um die schmale Taille, ihre Haare sind zu kleinen Zöpfen geflochten, sie sieht aus, als käme sie direkt aus einem sozialen Brennpunkt Berlins. Neben ihr sitzt Sophia auf einem überdimensionalen braunen Plüschesel, sie erinnert mich an Attila den Hunnenkönig. Daneben, ganz lässig, lümmelt Paul in den Seilen, an seinem Munitionsgürtel um die Brust hängen Bananen.

„Was wolltest du mit mir besprechen?“, fragt Sophia in dieser Sekunde, und der Boxring verschwindet. Der Raum um mich herum hat sich wieder in ihr Büro verwandelt, das mit Pflanzen und einer erschreckenden Ansammlung anderer Urlaubsmitbringsel, alle aus derselben Kategorie wie mein Esel, vollgestopft ist.

Ich stehe vor ihr, suche nach den richtigen Worten. Mein Gehirn ist leer gefegt. Meine Zunge hat mit einem Mal vergessen, wie sie Worte formuliert. Das Einzige, was ich tun kann, ist, auf den Esel und die Meerjungfrau in meiner Hand zu starren, die ich in einem Anflug von Wagemut mitgebracht habe, um sie Sophia zurückzugeben. Was habe ich mir dabei gedacht?!

„Ich, äh ..."

„Ist was mit den Sachen? Sind sie kaputt?" Sophia macht ein besorgtes Gesicht.

„Nein, nein", antworte ich schnell. „Es ist nur ..." Immer noch kann ich in meinem Hirn nur das leise Echo eines uralten Gedankens hören. Er prallt von den Schädelinnenseiten zurück, fliegt von links nach rechts durch den luftleeren Raum. „Ich wollte mich bedanken", höre ich mich in diesem Augenblick sagen und kann es selbst nicht fassen. Warum tue ich das? „Ich freue mich wirklich über die Souvenirs, die du mir mitbringst."

Sophia strahlt über das ganze Gesicht, ich habe ihr eine Freude gemacht. Schön.

Für sie.

Ich hingegen trete den Rückweg der Schande an, durch den langen Büroflur bis in meine Kemenate, wo ich die beiden Souvenirs des Grauens links und rechts neben meinem Monitor platziere, damit ich mein Versagen niemals vergesse.

Wer war die Frau von heute Morgen? Die Boris beim Frühstück in epischer Breite erzählt hat, wie sie Nicole die Meinung geigen und Sophia unmissverständlich erklären wird, dass es ab jetzt keine Mitbringsel aus der Hölle mehr gibt? Die sich sogar getraut hat, die Sache mit Paul anzusprechen, der für ihren Geschmack etwas zu oft Bananen auf ihren Schreibtisch legt? Die dem grollenden Boris versprochen hat, die Sache zu regeln, bevor er Paul leider mit sich konfrontieren muss? Wer war diese Frau, und wo ist sie hin? Wie kann es sein, dass ich auf 180 bei der Arbeit ankomme und bereits nach zwei Minuten so Furcht einflößend wie ein maunzendes Katzenbaby bin?

„Kognitive Dissonanz[29]", weiß Tina. In der Mittagspause treffen wir uns in einem italienischen Bistro um die Ecke, Tina hat heute in der Gegend zu tun, und ich übertreibe nicht, wenn ich die aktuelle Situation als Notfall bezeichne. „Ein unangenehmer Gefühlszustand, der entsteht, wenn zwei Kognitionen aufeinandertreffen, die nicht miteinander vereinbar sind."
    „Hä?"
Tina lächelt und zeigt auf ihren Teller Pasta. „Ich weiß, dass Matthias heute Abend kochen will, ein Salat hätte es also auch getan. Ich hab mir aber gesagt, dass ich für einen läppischen Salat im Bistro keine elf Euro ausgeben will. Das Mittagsmenü mit drei Gängen kostet genauso viel. Und jetzt fühle ich mich ein bisschen schlecht."
    „Ohhhh", mache ich verständnisvoll und betrachte nachdenklich meinen Teller, auf dem sich die Cannelloni aneinanderkuscheln. Es ist ein friedliches Bild voller Wärme, Zuneigung und Sahnesoße. Alles, was mich glücklich macht.
    „Weitere Beispiele sind, wenn du eigentlich umweltbewusst bist, aber trotzdem in den Kurzurlaub nach Barcelona

fliegst", zählt Tina auf. „Wenig Geld auf dem Konto hast, aber dennoch den schicken Mantel kaufst. Oder nicht joggen gehst, obwohl du weißt, dass es dir guttut."

Ich verschlucke mich so heftig, dass ich einen Hustenanfall bekomme. „Heiß", flunkere ich danach und zeige auf die Cannelloni, als ob sie etwas dafür könnten. Die armen kleinen Dinger.

Tina nickt. „In all diesen Fällen verspüren wir ein Gefühl der Dissonanz in uns. Einen Missklang, wenn du so willst, der sich nicht gut anfühlt. Unser Hirn kann damit nämlich nicht umgehen. Deswegen hat es einige Strategien entwickelt, um das Gefühl loszuwerden."

„Und die wären?", will ich wissen und puste auf die Gabel mit den glänzenden, dampfenden Nudeln. Ich wäre auch gern eine Cannelloni. Mein einziger Daseinszweck wäre, in Sahnesoße zu liegen und Menschen glücklich zu machen.

„Möglichkeit A: abwerten. Was ändert dieser eine Flug nach Barcelona schon an der Klimakrise? Der alte Mantel ist eh bald hin. Oder: Joggen macht mir sowieso keinen Spaß."

Ich lächle ertappt. Vielleicht schlage ich besser ein anderes Gesprächsthema vor. „In meinem Fall: Ich hab ja nichts davon, wenn die anderen mich nicht leiden können."

„Exakt." Tina nickt. „Obwohl du weißt, dass das Unsinn ist. Wir mögen ja gerade Menschen, die ihre Meinung sagen, da sie aufrichtig und verlässlich auf uns wirken. Keiner von uns will angelogen werden."

Die Tickermeldung „THEMENWECHSEL" wird in diesem Moment vor meinem geistigen Auge eingeblendet. Sie ist rot und sehr dominant.

„Und Möglichkeit B?", hake ich nach.

„Weitere Argumente hinzuziehen. Zum Beispiel: Es gibt Studien, die besagen, dass Spaziergehen viel gesünder ist als Joggen. Um die Alster ist sowieso immer so viel los. Ich tue doch schon so viel für meine Gesundheit. Und so weiter."

Tina grinst. „Witzigerweise kann man die meisten dieser Argumente sofort entkräften oder für das Gegenargument umdrehen. Das merken wir in diesen Momenten bloß nie."

Ich frage mich, warum sie die ganze Zeit auf dem Joggen rumreitet. Will sie mir auf sehr ungewaltfreie Art kommunizieren, dass sie mich nicht als Joggingpartnerin haben will? Was soll das? Ich sag ja noch nicht mal, dass ich die wöchentlichen Treffen scheiße finde – kein Wort dringt über meine Lippen, obwohl ich innerlich schon dreimal gestorben bin.

„Möglichkeit C: Verleumdung der Dissonanz, Möglichkeit D: Ablenkung, zum Beispiel mit Sport oder Drogen …"

*Das,* denke ich selbstgefällig, wird mir niemals passieren, zumindest nicht mit Sport.

„Und Möglichkeit E: Verantwortung an andere abgeben."

Ich rekapituliere im Kopf. „Gibt es irgendeine gute Art, die kognitive Dissonanz zu überwinden? Sind doch alles nur blöde Lösungen."

„Klar. Du änderst dein Verhalten. Ist meistens leider die unwahrscheinlichste Variante." Tina lacht. „Deine grauen Zellen arbeiten auf jeden Fall unter Hochdruck daran, das Dilemma in deiner Birne aufzulösen, idealerweise unterbewusst, alles andere verbraucht zu viele Kalorien."

„Das verstehe ich nicht", gebe ich zu. „Wenn ich – nur in der Theorie – nicht joggen gehen will und mir irgendwelche Gründe dafür zurechtlege, um es vor mir selbst zu rechtfertigen, kann ich doch froh sein, wenn ich dabei abnehme."

Jetzt lacht Tina laut, und selbst ich muss kichern, obwohl ich gerade das böse Joggingthema in den Mund genommen habe. Hastig stopfe ich eine Cannelloni hinterher und fühle mich sofort besser.

„So funktioniert aber dein Gehirn nicht", erklärt Tina schließlich. „Das will immer Energie einsparen, weshalb wir auch so oft im Autopiloten sind, Gewohnheiten antrainieren und so weiter. Das größte Problem bei der kognitiven Dissonanz ist, dass sie uns selbst sabotiert. Heißt in deinem Fall: Du weißt, dass du lernen solltest, ein paar Konflikte einzugehen, aber deine gute Absicht und dein tatsächliches Handeln sind zuweilen sehr unterschiedlich."

Das kann man so sagen. Was wohl passiert, wenn ich mit der kognitiven Dissonanz aufhöre? Werde ich dann noch dicker, weil ich weniger Kalorien verbrenne? Und will ich das? Oder wartet damit das nächste Dilemma auf mich?

„Deshalb befindest du dich ständig in einem Spannungsfeld. Eigene Meinung versus Fähnlein im Wind. Integrität versus Opportunität. Harmonie versus Konflikt." Sie greift nach dem Pfeffer. „Das muss irre anstrengend sein!"

„Du hast keine Vorstellung", murmele ich matt.

„Tja, nun", sagt Tina. „Das Problem ist nur, wenn du es mit deiner Harmoniesucht so weitertreibst, erreichst du das Gegenteil von dem, was du eigentlich anstrebst. Du bist nur noch im Konflikt – und zwar mit dir selbst."

Ich nicke ergeben. Ist mir mittlerweile auch aufgefallen, dass es eine bescheuerte Sache ist, nicht kritik- und konfliktfähig zu sein.

Tina beugt sich vor. „Die meisten meiner Patienten haben nicht Angst vor der tatsächlichen Veränderung, sondern vor ihren Konsequenzen. In dem Moment, wo wir uns anders verhalten als sonst, reagiert natürlich auch das Umfeld auf uns."

Irgendwie gelingt es mir, ein Lächeln zu produzieren. Ich freue mich schon richtig auf den Tag, wenn ich Tina sage, dass ich nicht mehr mit ihr joggen gehen will.

Nach der Mittagspause starte ich einen zweiten Versuch bei Sophia. Sie kommt mir, verglichen mit meinen anderen Konflikten auf der Arbeit, verhältnismäßig harmlos vor. Auf dem Weg in ihr Büro wiederhole ich mein neues Mantra: „Wir mögen Menschen, die ihre Meinung sagen. Wir mögen Menschen, die ihre Meinung sagen. Wir mögen Menschen ..."

„Du schon wieder!", trällert Sophia, doch ihr Blick wird dunkel, als sie Esel und Meerjungfrau in meiner Hand sieht. „Es stimmt was nicht mit den Sachen."

Ich hole tief Luft. Drücke die Schultern nach unten. Stelle mich leicht breitbeinig hin. Dann sage ich: „Du hast recht."

Sophia starrt mich an, wartet auf eine Erklärung. Und mit einem Mal ist es ganz einfach. Ich kann es selbst kaum fassen. Es ist wie beim Pflasterabziehen: Mach es schnell, dann tut es weniger weh. Und ist der Anfang erst mal gemacht, ist der Rest ein Kinderspiel. Also fahre ich fort, bevor mich die Zweifel und Sorgen wieder einholen.

„Immer, wenn ich auf deine Pflanzen aufpasse, bringst du mir etwas mit. Ich finde es schön, dass du dich bei mir bedanken möchtest. Gleichzeitig mag ich Dekoartikel nicht so gern. Und das sorgt dafür, dass ich mich schlecht fühle. Ich will deine Bemühungen nicht ignorieren und dich nicht verletzen, aber eben auch nicht", ich hebe die beiden Souvenirs hoch, „solche Sachen auf meinem Schreibtisch haben. Ich meine das überhaupt nicht böse, ich möchte nur ehrlich zu dir sein. Was hältst du davon, wenn du mich zukünftig einfach auf einen Kaffee einlädst, anstatt mir etwas mitzubringen?"

Es ist passiert. Ich habe es gesagt. Kann es sein, dass der Esel in meiner Hand zittert?

Sophia blinzelt. Betrachtet nachdenklich den Esel und die Meerjungfrau. Und sagt schließlich: „Mir fällt ein riesiger Stein vom Herzen, Lea. Ich weiß nie, was ich dir mitbringen soll, und renne mir in jedem Urlaub die Hacken ab deswegen. In der Zeit würde ich eigentlich lieber in der Sonne liegen."

Unsere Blicke treffen sich. Dann fängt Sophia plötzlich an zu lachen. Ich falle in ihr Lachen ein, fühle mich unendlich erleichtert. Wer hätte das gedacht? In keinem der Szenarien, die mein krankes Hirn im Vorfeld produziert hat, war mir Sophia DANKBAR für meine Ehrlichkeit. Ich bin fassungslos. Das hat ja gar nicht wehgetan! Es war wie bei einem stehen gebliebenen Auto, ich musste nur am Anfang ein wenig anschieben, aber danach lief es fast von selbst.

Sophia steht auf, nimmt mir Esel und Meerjungfrau ab. „Die schenke ich meiner Mutter. Die Mitbringsel für sie hatten nämlich keinen Platz mehr im Koffer."

Beinahe euphorisch hüpfe ich eine Minute später den Flur entlang. Sophia und ich sind nächste Woche für die Mittagspause verabredet, sie wird mich einladen. Vielleicht gehen wir in das italienische Bistro, und ich bestelle mir Cannelloni.

Level 1 ist geschafft. Ich fühle mich bereit für die nächste Challenge. Also reiße ich Nicoles Bürotür auf und baue mich vor ihrem Schreibtisch auf.

Sie führt gerade ein vermutlich privates Gespräch mit dem Handy, jedenfalls hat sie Kopfhörer im Ohr und lackiert sich die Nägel. Verdutzt schaut sie mich an. Ich wiederhole mein Mantra: Wir mögen Menschen, die ihre Meinung sagen.

Als sie das Gespräch unterbrochen hat, sage ich mit klopfendem Herzen: „Nicole, mir ist aufgefallen, dass ich deine Präsentation letzte Woche ganz allein vorbereitet habe. Das fühlt sich nicht richtig an. Wenn ich mir schon den Abend um die Ohren schlage, möchte ich auch die Lorbeeren dafür ernten. Ich wünsche mir, dass du in Zukunft jemand anderen fragst, der deine Arbeit mit in sein Wochenende nimmt oder dir die Präsentationen erstellt. Vielleicht versuchst du es auch einfach mal selbst mit der Arbeit. Ist gar nicht so schwer, wenn man sich erst mal dran gewöhnt hat."

Nicole glotzt mich an, als wäre ich gerade aus einem Raumschiff gestiegen und hätte in einer fremden Klicksprache zu sprechen begonnen. Als sie auch nach einigen Sekunden noch nichts erwidert hat, frage ich: „Hast du mich gehört, Nicole?"

Sie nickt und verzieht missmutig das Gesicht. „Klar und deutlich. Und ich finde es absolut unverschämt, dass du mich jetzt so hinstellst, als hätte ich gar nichts gemacht!"

„Aus deiner Perspektive spricht vermutlich nichts dagegen, es so zu sehen", sage ich und bin selbst verblüfft. Wo kam denn dieser Satz her? Den merke ich mir, er ist klasse. Und so universell einsetzbar.

Nicole schnippt in meine Richtung: „Wenn du mir nicht mehr helfen willst, frage ich zukünftig jemand anderen. Jemand *Netten*."

„Alles klar", erwidere ich gut gelaunt. Es soll mir recht sein, wenn ich ein für alle Mal von ihrem Radar der Kollegen verschwinde, die sie ausnutzen kann. Und dass sie mich jetzt of-

fenbar blöd findet, ist nur fair. Ich finde sie ja selbst bescheuert. „Dann noch einen schönen Tag", trällere ich. Und gehe.

Ich gehe einfach. Ich schleiche oder krieche nicht, tippele
nicht auf Zehenspitzen, versuche mich nicht unsichtbar zu
machen oder entschuldigend über den Boden zu rollen.

Ich will nicht angeben, aber ich bin mir sicher, so einen ver-
haltenspsychologischen Quantensprung gab es in den vergangenen 11.000 Jahren Menschheitsgeschichte selten.

Gestärkt und vor Selbstbewusstsein strotzend suche ich
im Anschluss Paul. Ich habe einen Lauf. Die Gunst der Stunde
sollte ich nutzen.

„Ah, Lea", ruft er, als ich hereinkomme. „Du hast ja noch
gar nicht auf meine Bananenpost reagiert." Er zwinkert mir zu.

„Nein, habe ich nicht." Mein Mantra brauche ich nicht – ich
fühle mich gut! „Es ist folgendermaßen, Paul. Ich habe einen
Freund, den ich sehr liebe, und mit dem ich gern zusammen-
bleiben möchte. Ich möchte dir nichts unterstellen, aber ich
bin mir manchmal nicht sicher, ob das rein kollegiale Bananen sind, die du mir da auf den Schreibtisch legst, oder eventuell auch romantische."

„Romantische Bananen?", fragt er zweifelnd, aber ich un-
terbreche ihn.

„Ich will auf jeden Fall keine falschen Hoffnungen wecken.
Oder in einer Affäre landen, nur weil ich nicht Nein sagen
kann", erkläre ich und lache kurz auf, weil mir Tinas Kumpel
einfällt. „Deswegen: Ich finde es schön, dass wir manchmal
die Mittagspause miteinander verbringen, aber die Bananen
lassen wir ab jetzt sein, okay?"

Paul sieht völlig irritiert aus. Plötzlich sehe ich, dass sich
sein Mund zu einem Grinsen verzieht. „Okay, Lea. Ich danke

dir für deine Ehrlichkeit. Wirklich, den Schneid haben nicht viele Menschen."

„Aber gern", sage ich generös, nicke ihm zu und verlasse sein Büro. Weil ich gerade so einen Durchmarsch habe, denke ich kurz darüber nach, meiner Chefin auch mal ein paar Takte zu flüstern, drehe jedoch rechtzeitig ab. Man muss sein Glück nicht überstrapazieren. Und ein bisschen Luft nach oben in der persönlichen Entwicklung ist ja auch etwas Schönes.

Das Erstaunlichste ist: Tina und der Therapeut haben recht. Anstatt mich schlecht zu fühlen, weil ich drei Menschen in meinem Umfeld vor den Kopf gestoßen habe, strotze ich nur so vor Selbstwert und habe nicht das Gefühl, irgendjemanden verletzt zu haben. Im Gegenteil, meine Ehrlichkeit und die Bereitschaft, einen Konflikt einzugehen, wurden sogar wertgeschätzt. Vollkommen irre, ich bekomme die doppelte Zuneigung zum Preis von Ehrlichkeit, von mir selbst und den anderen, und das alles nur, weil ich endlich aufhöre, an vollkommen falschen Stellen nett zu sein. Ich fühle mich gut – selbstbestimmt, authentisch, mutig. Nicht, weil egal ist, was die anderen von mir denken oder dass ich gemocht werde, sondern weil ich merke, dass es vor allem die Horrorvorstellungen in meinem Kopf waren, die mich unsicher machten. Mein Sündenregister, die unzähligen Filme, die ein Schreckensszenario nach dem anderen auf meine innere Leinwand warfen, Ängste, ich würde von allen verlassen werden. Was für ein Quatsch! Ich habe all diesen unterbewussten Mechanismen so viel Macht gegeben. Nun spüre ich, wie großartig das Gefühl ist, mit sich im Reinen zu sein. Gemocht werden, eben weil man authentisch und kein Drückeberger ist – und sich gleichzeitig nicht wie eine Brezel verbiegen müssen. Konflikte, glaube ich, als ich meine Sachen packe und mich auf den Nachhauseweg mache, könnten meine neue Leidenschaft werden.

„Was ist denn mit dir los?", fragt Boris, als ich geradezu euphorisch zu Hause ankomme.

Meine Laune ist unterwegs noch besser geworden. In der S-Bahn habe ich mich nämlich nicht gezwungen, neben dem stinkenden Typen sitzen zu bleiben, der am Jungfernstieg in den Waggon einstieg und sich zielstrebig auf den Platz neben mir hockte. Stattdessen bin ich aufgestanden und habe mich woanders hingesetzt. Einfach so. Ich habe nicht so getan, als müsste ich bei der nächsten Station aussteigen (um in einen Waggon weiter hinten wieder einzusteigen), ich habe nicht durch den Mund geatmet oder eine Ohnmacht vorgetäuscht (alles schon passiert, zu meiner eigenen Schande), sondern bin einfach aufgestanden und habe mich umgesetzt – unter dem kritischen Blick des Stinkers. Und warum? Weil ich es kann. Weil mir egal ist, was ein x-beliebiger Kerl, den ich hoffentlich nie mehr wiedersehe und erst recht nicht wiederrieche, von mir denkt. Weil ich am Ende meines Lebens vor den himmlischen Pforten keine Plakette an die Brust gepinnt bekommen will, auf der „Hat besonders gut durch den Mund geatmet" steht. Weil ich nur dieses eine Leben habe und selbiges gern im Einklang mit mir leben möchte. Einklang – nicht Mehr- oder Missklang. Sondern Harmonie. Ja, exakt: Der einzige Weg, in Harmonie mit mir zu leben, ist, die disharmonischen Klänge mit anderen in Kauf zu nehmen.

„Ich habe es getan!", trällere ich glücklich und erzähle von meinem Tag. Als ich in meiner Berichterstattung bei Paul ankomme, sieht Boris auf einmal sehr erleichtert aus.

„Du kannst stolz auf dich sein", sagt er zu mir. „Ich weiß, für dich war das nicht einfach."

„Das stimmt. Aber ich fühle mich gut. Und ich glaube, ich traue mir jetzt sogar die Pressel zu. Soll ich mal hochgehen?"

Boris blinzelt. „Das ist vielleicht keine so gute Idee. Ist doch grade alles ganz harmonisch, oder?"

Hm. Da ist was dran.

„Wollen wir dann ein bisschen streiten?", frage ich.

Er schnauft. „Worüber denn?"

„Oh, da gibt es ein paar Sachen. Also erstens fände ich es wirklich gut, wenn du deine Socken nicht zusammengekrumpelt in den Wäschesack stopfen würdest, das ist jedes Mal total ätzend, wenn ich die feucht auseinanderziehen muss. Zweitens könntest du echt ein bisschen netter zu meiner Familie sein. Die können nix dafür, dass du sie nur bedingt leiden kannst. Drittens möchte ich nicht, dass du den Hund so anbrüllst, er kapiert nämlich nicht, was er falsch gemacht hat. Vor allem nicht, wenn du schlechte Laune hast."

Boris erhebt sich vom Stuhl. „Das sind ja ganz schön viele Punkte."

„Viertens", erkläre ich, „ist das mit deiner Laune auch so eine Sache. Ist ja okay, wenn man mal einen schlechten Tag hat, aber du hast schlechte *Äonen,* wenn du verstehst, was ich meine, und das werde ich nicht mehr länger hinnehmen. Ich bin nicht dein seelischer Fußabtreter, wenn du also ..."

Er verlässt die Küche.

„He! Wo willst du hin?"

Boris bleibt kurz stehen, dreht sich im Türrahmen um. „Ich suche Lea. Die alte Lea. An das Upgrade darf ich mich definitiv noch gewöhnen."

# Dinge, die du tun kannst, um deine Konfliktfähigkeit zu trainieren

1. Laufe durch die Fußgängerzone und weiche nicht sofort aus, wenn jemand auf dich zuläuft. Vorsicht: Bitte auf niemanden zurennen! Einfach nur nicht ausweichen.

2. Suche dir im Restaurant einen anderen Platz, wenn du dich an deinem jetzigen nicht wohlfühlst. Erkläre nicht, warum du den Platz wechseln willst. Tu es einfach.

3. Wechsle die Sitzbank, wenn sich in den öffentlichen Verkehrsmitteln jemand neben dich setzt, den du nicht „riechen" kannst oder der dir unheimlich vorkommt. Es sei denn, du bist Apnoetaucher. Dann halt eben die Luft an.

4. Lehne Einladungen ab, zu denen du nicht gehen möchtest – ohne Erklärung. Dein Leben ist viel zu kurz, um es mit billigem Wein, dünnem Kaffee und langweiligen Leuten zu verbringen.

5. Unterhalte dich nicht mit Menschen, die dich nicht interessieren. Na gut, wenn sie zu deiner Familie gehören, kannst du vielleicht eine Ausnahme machen.

6. Unterbrich ein spannendes Gespräch, wenn dir kalt ist und du dir eine Jacke holen möchtest oder du auf Toilette musst. Im Ernst, kein Gesprächspartner ist es wert, dass dein Körper leidet.

7. Gehe nicht ans Telefon, wenn es gerade nicht passt. Erlaube dir, erst dann zurückzurufen oder zu schreiben, wenn du Zeit und Lust dazu hast. Das erfordert etwas Übung, tut nach einer Weile aber sehr gut.

8. Gib Geschenke zurück, die du nicht magst oder brauchen kannst. Du bist nicht die Wohlfahrt.

9. Verkneife dir ein Kompliment, das du nur aus Nettigkeit sagen würdest, aber nicht so meinst. Manchmal ist Schweigen wirklich Gold.

10. Hör auf, dich ständig für alles zu entschuldigen oder am Telefon „Störe ich?" zu fragen. Würdest du es tun und der andere nähme das Gespräch trotzdem entgegen, wäre das nicht dein Problem.

# KAPITEL

# 8

# Kleine Gefallen erhalten die Freundschaft: Reziprozitätsnorm oder das Wunder der Gegenseitigkeit

„Disharmonie ist ungemütlich", meckert Boris, als wir zwei Wochen später auf dem Sofa sitzen und über die Filmauswahl debattieren. „Es war wirklich entspannter bei uns, als du noch nicht wegen jedes Details eine Grundsatzdiskussion vom Zaun gebrochen hast."

„Mooooment", sage ich und hebe mahnend den Zeigefinger. „Nur weil ich früher aus Angst vor der Auseinandersetzung zu allem Ja und Amen gesagt habe, heißt das nicht, dass es für mich gemütlich war."

„Aber für mich!", mault er und lässt die Fernbedienung auf ein Kissen fallen. „Wir müssen alles neu verhandeln. Wie wir die Spülmaschine einräumen, wer wann Milch kaufen geht, welche Filme wir gucken." Er sieht mich entrüstet an. „Du hast mich letzte Nacht sogar geweckt, weil ich geschnarcht habe!"

Ich stehe vom Sofa auf und dimme das Licht ein bisschen. Von wegen, bei uns ist es nicht mehr gemütlich. „Nur fürs Protokoll, du *hast* geschnarcht. So laut, dass die Holzwürmer aus dem Schrank gefallen sind."

„Das hat dich doch früher auch nicht gestört!"

„Äh, doch. Ich habe mich nur nicht getraut, was zu sagen."

Boris schüttelt fassungslos den Kopf. „Ich habe ein Monster erschaffen."

Nun muss ich lachen und schmiege mich an ihn. „Unsinn. Das spielt sich schon noch ein. Du weißt doch, wenn das Leben in den nächsten Gang schaltet, ruckelt es immer ein bisschen."

Ergeben nickt er. „Und ich finde es ja toll, dass wir die Abende mittlerweile gemeinsam verbringen und du nicht irgendwelche Babypartys organisieren oder die Arbeit deiner Kollegin machen musst. Außerdem wirkst du ausgeglichener." Ich gebe Boris einen Kuss. „Siehst du."

Tatsächlich muss ich zugeben, dass es in den vergangenen zwei Wochen bei uns etwas turbulenter zuging als vorher. Entgegen meiner bisherigen Art widerspreche ich den Menschen in meinem Umfeld mittlerweile, wenn ich mit etwas nicht einverstanden bin. Ich habe bemerkt, dass ich doch zu viel mehr Themen eine Meinung habe, als ich bislang dachte. Zum Beispiel dass wir im Büro Alukapseln für die Kaffeemaschine verwenden. Oder dass die Chefin den Praktikanten wie einen Trottel behandelt. Neulich Nacht bin ich hoch zu den Mietern unterm Dach und habe ihnen meine Meinung zu WG-Partys unter der Woche gesagt – und dabei war es mir völlig egal, dass ich einen weißen, plüschigen Bademantel trug, in dem ich wie ein ärmlicher Doppelgänger Hugh Hefners aussah. Ich habe nämlich bemerkt, dass man potenzielle Konflikte sehr hübsch verpacken kann, damit sie vom anderen nicht abgelehnt werden. Wenn ich bei den Nachbarn klingele und sie anschnauze, was ihnen einfällt, an einem Dienstag um halb zwei in der Nacht noch laute Musik zu hören, werde ich mit hoher Wahrscheinlichkeit in einen Konflikt schlittern, auf den ich im Grunde keine Lust habe. Wenn ich freundlich, aber bestimmt bleibe und an das gute Miteinander erinnere, *kann* die Reaktion gar nicht schlecht ausfallen. Zudem habe ich damit angefangen, Fragen zu formulieren, die mein Gegenüber bei Falsch- oder Nicht-Beantwortung definitiv in Erklärungsnot bringen:

- Würde es uns als Unternehmen in den Ruin treiben, wenn wir zukünftig keine Kaffeekapseln aus Aluminium, sondern aus nachwachsenden Rohstoffen verwendeten?
- Glauben Sie, dass der Praktikant dumm ist? Und falls ja, warum haben Sie ihn dann eingestellt?
- Würde es eure Lebensqualität sehr einschränken, wenn ihr unter der Woche zwischen Mitternacht und sieben Uhr morgens keine Partys feiertet?

Die negativste Reaktion bislang war das leicht angesäuerte Gesicht meiner Chefin, die sich von diesem Moment an dem Praktikanten gegenüber jedoch anders verhielt. Mir hat noch niemand die Freundschaft gekündigt, meinen Arbeitsplatz habe ich auch noch, und bislang hat niemand einen toten Fisch in unseren Briefkasten gesteckt. Stattdessen eine Packung *Merci* von den Nachbarn und eine nette Karte zur Entschuldigung. Ich bin kein Verhaltensforscher, aber ich glaube, das bedeutet, ich kann mit meiner neuen Konfliktfreude weitermachen. Selbst wenn es Boris in unserem Nest nicht mehr ganz so bequem findet. Aber da gewöhnt er sich schon noch dran.

„Lea, hallo, ich bin's, Tamara!"

Meine Friseurin des Grauens ist am Telefon. Ich habe nur deshalb das Gespräch entgegengenommen, weil ich fest vorhabe, den Termin am kommenden Donnerstag abzusagen. Viel zu lange habe ich mich von ihr verunstalten lassen. Nach jedem Besuch bei ihr dauert es immer Wochen, bis meine Haare wieder in ihre alte Form zurückfinden – Wochen, die ich bevorzugt mit Mütze oder Haarband überbrücke, je nach Jahreszeit. Und für diese Körperverletzung zahle ich auch noch Geld? Nein.

Ich habe mir dieses Gespräch in Gedanken bereits zurechtgelegt. Dort, in meiner Wunschvorstellung, ist es ein verständnisvolles, freundliches Geplänkel, von gegenseitigem Respekt und Vertrauen geprägt, und am Ende liegen wir uns weinend vor Zuneigung und Dankbarkeit über die, na ja, guten gemeinsamen Jahre in den Armen.

„Ich muss unseren Termin am Donnerstag leider absagen", kommt mir Tamara zuvor.

Mein Blick wandert ungläubig zur Decke. Ist da oben doch jemand, der mithört? Nicht Alexa oder Siri, sondern ein höherentwickeltes Wesen? Ich kann es nicht fassen.

„Ah ja?", frage ich erstaunt, aber auch begeistert nach.

„Ja, ich habe einen wichtigen Termin beim Gewerbeamt."

„Nicht schlimm", sage ich. „Passt mir sogar gut. Es ist nämlich so, Tamara. Ich bin mit meiner Frisur in letzter Zeit nicht zufrieden und möchte etwas anderes ausprobieren. Einen Neuanfang wagen, wenn du so willst."

Mann, bin ich gut. Direkt die Chance genutzt, die sich aufgetan hat. Das ist Diplomatie vom Feinsten.

„Das passt ja prima!", jubelt Tamara.

„Oh, ich hätte nicht gedacht, dass du so reagierst."

„Aber klar. Ich bin immer dafür, dass man das Bestehende infrage stellt und sich neu erfindet."

Na gut, neu erfinden muss ich mich nicht, ich will nur nicht mehr wie eine Vogelscheuche herumlaufen.

„Hast du dich von deinem Freund getrennt?", will Tamara wissen. „Der war doch nett."

„Nein, wieso?"

„Na, weil Frauen oft einen neuen Haarschnitt wollen, wenn es eine Trennung in ihrem Leben gibt."

Es gibt durchaus eine Trennung in meinem Leben, ich lege aber nicht den netten Freund, sondern einige schlechte Gewohnheiten ab – und die schlechte Friseurin. Aber das muss ich Tamara ja nicht so sagen.

„Auf jeden Fall habe ich mir den Samstagvormittag für dich freigeschaufelt", trällert sie weiter wie ein munteres Vögelchen. „Wir haben alle Zeit der Welt und können machen, was du willst. Vielleicht eine Dauerwelle? Oder wir machen Strähnchen! Ja, genau Strähnchen. Ach, ich freu mich schon drauf. Passt dir zehn Uhr?"

Ich weiß nicht, ob eine fremde Macht von mir Besitz ergriffen hat. Oder ob ich in meiner Entwicklung doch noch auf dem Niveau eines Quastenflossers durch die Ursuppe schwimme. Vermutlich bin ich einfach zu einer dieser amerikanischen Ziegen geworden, die erstarren, wenn sie erschreckt werden, und zur Seite umfallen. Und anstatt Tamara darüber aufzuklären, dass sie und ihre Schere nie wieder in die Nähe meiner Haare kommen werden, schlage ich meinen Kalender auf und sage: „Zehn Uhr passt hervorragend."

„Was ist denn mit *dir* passiert?", will Tina am darauffolgenden Mittwoch wissen und betrachtet den Unfall auf meinem Kopf von allen Seiten.

Ich sehe aus wie ein Labradoodle. Zugegeben, meine Haare sind endlich mal lockig – nur leider überhaupt nicht so, wie ich mir das vorgestellt hatte. Die Locken sind nämlich nicht natürlich, sondern klein und kriselig, wie bei Paul Breitner in den 70ern. Dazu habe ich mich von Tamara überreden lassen, mir einen Pony zu schneiden, und ich verrate nicht zu viel, wenn ich sage, dass meine Gesichtsform und ein Pony eine denkbar schlechte Kombination sind.

„Was ist das für eine Farbe?" Tina sieht mich prüfend an.

„Karamellbraun, laut Packung, mit honigblonden Strähnen."

„Warst du Modell für einen Azubi?"

Ich zucke mit den Schultern. „Nein, ich habe 180 Euro dafür bezahlt."

„Oh", sagt Tina.

Es ist dasselbe „Oh", das Boris von sich gegeben hat, als ich am Samstag nach drei Stunden Folter bei Tamara wieder zu Hause aufkreuzte. Am liebsten hätte ich bis zum Einbruch der Dunkelheit gewartet, noch lieber aber hätte ich mich wirklich ins Ausland abgesetzt und an einem Zeugenschutzprogramm teilgenommen. Zu allem Überfluss hatte ich auch keine Mütze dabei. Die letzten Tage im Büro waren auch kein Spaß. Denn jeder, wirklich ausnahmslos jeder, selbst die Leute, die mich normalerweise nicht mal auf dem Flur grüßen, hat mich auf meine neue „Frisur" angesprochen. Und ich setze sie bewusst in Anführungszeichen.

Während wir lostraben, erzähle ich Tina, wie es zu diesem eklatanten Missverständnis auf meinem Kopf kommen konnte.

„Das hat sich irgendwie verselbstständigt", murmle ich matt und atemlos. „Und ich wollte ihr die Wahrheit sagen, wirklich. Als sie fertig war, hab ich sogar angefangen zu heulen."

Tina sieht mich mitleidig an. „Das verstehe ich."

„Tamara dachte, es seien Freudentränen." Ich ziehe die Nase hoch und blicke in Tinas Richtung. „Im Ernst, wie schlimm ist es?"

Betreten wendet sie den Kopf ab.

„Oh Mann", sage ich. „Das ist die gerechte Strafe, weil ich eben doch keine Konflikte führen kann."

„Natürlich kannst du das! Und schau mal, bei dem Ergebnis hast du jetzt auch handfeste Beweise, warum es sich lohnt."

Irgendwie führt diese Unterhaltung nicht dazu, dass ich mich besser fühle. Immerhin denke ich zum ersten Mal seit Monaten nicht übers Joggen beziehungsweise über meine Aversion dagegen nach. Der Schmerz in meinem Inneren ist einfach zu groß, als dass das Seitenstechen dagegen anstinken könnte.

„Wie konnte das passieren?", frage ich Tina ehrlich verzweifelt.

Sie seufzt. „Reziprozitätsnorm[30]."

„Gesundheit!"

Tina lächelt schief. „Man nennt sie auch Norm der Gegenseitigkeit oder Gefälligkeitsfalle. Vereinfacht gesagt haben Menschen das Bedürfnis, das zurückzugeben, was ein anderer für sie getan hat."

„Ich habe Tamara noch nie so etwas angetan!", rufe ich so laut, dass sich der Jogger vor uns irritiert umdreht.

„Sie hat sich einen ganzen Vormittag für dich freigenommen. Und das wolltest du ihr zurückgeben."

„Indem ich zulasse, dass sie mich verunstaltet?!"

Tina lacht. „Tröste dich, du bist nicht die Erste, die auf den Trick hereinfällt. So ziemlich jeder Verkäufer und Berater greift auf den Mechanismus zurück, aber auch manche Sekten."

„Meinst du die Leute, die an der Tür klingeln und über Gott sprechen wollen?"

„Die, aber zum Beispiel auch die Anhänger von Hare Krishna. Die machten Passanten früher in der Innenstadt bevorzugt kleine Geschenke, was die dazu brachte, für die Sekte zu spenden."

„Ohhhh", sage ich und nicke. „Wie gemein." Aus weiter Entfernung dringt eine schwache Erinnerung in mein Bewusstsein. Ist mir das nicht auch schon mal passiert?

„Die Reziprozitätsnorm ist ein grundlegendes sozialpsychologisches Prinzip und findet sich in allen Kulturen und Zivilisationen. Stell dir vor, es gibt Person A und Person B. Person A erweist Person B eine Gefälligkeit, nun fühlt sich Person B dazu verpflichtet, die Geste zu erwidern."

Ich denke darüber nach, wie oft ich mich schon unter Druck gesetzt fühlte, einen Kauf zu tätigen, nachdem mir der Verkäufer einen Rabatt versprochen oder mich lang und breit beraten hatte. Dann fällt mir ein, wie vor einem Jahr ein Ostergeschenk einer meiner Schwestern bei uns ankam, das mich völlig aus der Bahn warf. Ich hatte nämlich *kein* Geschenk für meine Schwester (ehrlich gesagt wusste ich nicht mal, dass wir uns an Ostern was schenken!) und kam mir grauenhaft vor. In aller Eile rannte ich durch die Wohnung auf der Suche nach irgendwelchen Dingen aus unserem Hausstand, die Boris und ich entbehren könnten. Am Ende stopfte ich eine Packung unbenutzter Servietten (leider mit eher weihnachtlichen Motiven), ein Buch, das ich mir gerade selbst gekauft hatte, ein Paar nigelnagelneuer Socken von Boris (weiß er bis heute nicht) und zwei Schokohasen aus dem Vorjahr in ein Paket und schickte es via Express in die Heimat, damit es bloß noch vor den Feiertagen bei ihr ankäme.

Boris schüttelte den Kopf, als er die Sache mitbekam. „Du hast 'nen Knall, Blumenthal", sagte er konsterniert. „Hast du dir mal angeschaut, was deine Schwester dir geschenkt hat?"

Ich hielt irritiert inne. „Nee. Wieso?"

Er hielt mir die Geschenktüte hin. „Eine Duftkerze. Einen Gedichtband von Eduard Mörike. Und das Bild eines gestickten Osterhasen. Wer braucht so einen Scheiß?"

„Es geht um die Geste!", rief ich empört.

„Na, dann kannst du ihr auch die hässlichen Mitbringsel deiner Kollegin schenken", sagte er, und aus heutiger Sicht hat er absolut recht damit.

„Ich kenne einen Journalisten", erzählt Tina weiter, während wir an der amerikanischen Botschaft vorbeikommen, „der so an seine Interviewpartner herankommt. Erst gibt er etwas von sich preis, erzählt kleine, unbedeutende Interna aus der Redaktion, eine Anekdote von einem anderen Interviewpartner oder etwas aus dem Privatleben, und schon fühlt sich sein Gegenüber unbewusst verpflichtet, dasselbe zu tun."

„Unfassbar", sage ich, obwohl ich weiß, dass ich in meinem Leben etwa schon 14.235-mal auf den Trick reingefallen bin. So viele Tage bin ich schon auf der Welt, und ich glaube nicht, dass ich viele Möglichkeiten ausgelassen habe, dieser Norm zu entsprechen.

In diesem Moment klart die Erinnerung von gerade eben auf und tut noch einmal ein bisschen weh. Mit 16 war ich nämlich ein Jahr lang im Verein der Fischotterhilfe. Die Mitgliedschaft hatte mir ein süßer Kerl in der Fußgängerzone aufgeschwatzt, der schamlos mit mir flirtete, bevor er mir 145 Mark Jahresbeitrag aus der Tasche zog. Für damalige Verhältnisse ein Vermögen, ein Großteil meines Taschengelds. Ich meine, es ist schön, dass durch meine milde Gabe ein paar Fischotter mehr auf der Welt sind und einen geschützten Lebensraum und Kabelanschluss bekamen, aber ich erinnere mich noch sehr genau an das beschissene Gefühl, eine schreckliche Egoistin zu sein, als ich die Mitgliedschaft nach einem Jahr kündigte und stattdessen die *Brigitte Young Miss* abonnierte.

„Neulich habe ich einen Artikel über Altersarmut bei Frauen gelesen", doziert Tina weiter und reißt mich aus meinen peinlich berührten Fischotterträumen. „Tatsächlich sind Frauen auch deshalb schlechter aufgestellt in Sachen Altersvorsorge, weil sie befürchten, bei einer Finanzberatung am Ende etwas unterschreiben zu müssen. Also nehmen sie lieber gar keine in Anspruch."

Oh, wie gern würde ich in diesem Moment mein Oberteil zerreißen, mich wie eine Superheldin in die Brust werfen und rufen: „Nein, nicht mit mir!"

Aber verdammt noch mal. Ich habe einen Thermomix gekauft, weil ich es nicht übers Herz brachte, die arme Vertreterin nach dem Vorführabend unverrichteter Dinge wieder abziehen zu lassen! Ich bin Kassenwart in einem Verein zur Rettung rumänischer Straßenhunde (die logische Fortsetzung der Fischottersache)! Und ich bin in der Neunten aus Mitleid mit Michael Staudinger gegangen, weil er mir so nette Brieflein im Ethik-Unterricht schrieb. Dabei hatte er Mundgeruch und Käsefüße, eine wirklich teuflische Kombination.

Dann kommt mir ein fürchterlicher Gedanke. Mit wie vielen Männern habe ich mich ein zweites Mal getroffen oder es sogar weiterlaufen lassen, weil sie die Rechnung im Restaurant bezahlt haben? Oder habe mir auf irgendwelchen Datingplattformen wochenlang mit den langweiligsten Affen geschrieben, weil ich dachte: Jetzt hat sich der arme Kerl so viel Mühe gegeben mit seiner Anbagger-Mail, da will ich nicht eine von diesen Tussis sein, die ihn einfach ghosten. Apropos Ghosten: Es könnte unter Umständen schon einmal vorgekommen sein, dass ich mich nach sehr schlechtem Sex totgestellt und danach sämtliche Kontaktversuche ignoriert habe.

„Weißt du, es ist eigentlich wie fast immer in der Psychologie", fährt Tina fort. „Vieles hat mit dem eigenen Selbstwert zu tun. Wer die Bedürfnisse der anderen wichtiger nimmt als seine eigenen, verliert irgendwann den Kontakt zu sich. Und gibt sich eines Tages ganz auf."

„Na ja, uns wird halt immer gesagt, dass wir alles werden dürfen, nur keine Teenagermütter oder Egoisten."

„Das stimmt." Tina schaut mich an. „Die Krux ist: Wer keine Selbstliebe kennt, legt anderen selbstliebendes Verhalten immer als Egoismus aus."

Darüber denke ich eine Weile nach, während wir den nördlichen Punkt unserer Alsterrunde erreicht haben und über die Krugkoppelbrücke laufen. Ich glaube, da könnte was dran sein. Wie soll man anderen Menschen etwas zugestehen, was man sich selbst verwehrt? So selbstlos ist ja keiner.

„Kannst du noch?", will Tina wissen.

„Wieso?"

„Ich weiß nicht, du wirkst heute irgendwie ein bisschen müde. Und blass bist du auch."

Ich will sagen: Ach Quatsch! Doch in diesem Moment spüre ich, dass mir schwindelig wird. Beinahe zeitgleich setzt das Seitenstechen ein, und ich japse nach Luft.

Tina verlangsamt das Tempo. „Keine Widerrede", sagt sie und zwingt mich, Schritt zu laufen. „Joggen soll ja Spaß machen und kein Schmerz sein. Oder?"

Ich würde gern lächeln. Aber leider knicke ich in diesem Moment um und falle der Länge nach auf den Boden.

# ÜBUNG

## Nicken, lächeln, weitergehen

Auch wenn es unwahrscheinlich klingt, man kann lernen, sich der Reziprozitätsnorm zu widersetzen. Das erfordert ein bisschen Übung und ist sicher nicht ganz ohne Unwohlsein möglich, aber ich verspreche: Je häufiger man mit einem Lächeln im Gesicht „Nein, danke!" sagt, desto leichter fällt es mit der Zeit.

Folgende Übungen kannst du leicht in deinen Alltag integrieren und regelmäßig praktizieren:

1. Anfänger: Geh in ein Geschäft und lass dich beraten. Kaufe danach NICHTS. Vor allem kaufe das Produkt danach nicht zum halben Preis im Internet. Dienstleistung, in dem Fall Beratung, hat einen Wert, das sollte man nie vergessen und erst recht nicht für sich ausnutzen. Aber nur, weil sich ein Verkäufer oder eine Verkäuferin für dich Zeit nimmt, bist du noch lange nicht verpflichtet, etwas zu kaufen. Das ist nämlich sein beziehungsweise ihr Job.

2. Fortgeschrittene: Besuche ein Restaurant und such dir einen hübschen Tisch aus. Lass dir die Karte bringen und studiere sie. Wenn die Bedienung kommt, schlag die Karte zu und sage: „Bedauerlicherweise ist da

heute für mich nichts dabei!" Verlasse dann das Restaurant. (Hinweis: Die Übung ist leichter durchzuführen, wenn man bereits gegessen hat.)

3. Profis: Lass dich bei deiner nächsten großen Anschaffung richtig gut beraten. Mit Termin und Zeit und allem Drum und Dran, egal, ob es um eine Küche, ein neues Auto oder den Mann/die Frau fürs Leben geht. Unterschreibe an diesem Tag auf keinen Fall irgendeinen (Kauf-)Vertrag – lass stattdessen den Entwurf oder Kostenvoranschlag überarbeiten, sollte er deinen Vorstellungen noch nicht entsprechen. Wenn es sein muss, sogar zweimal. Das steht dir zu.

KAPITEL

9

# Vor dem Streit ist nach dem Streit: Warum es manchmal besser ist, die Klappe aufzumachen, anstatt alles in sich reinzufressen

„Zwei Wochen kein Joggen – mindestens!", sagt Tina, als sie mich zu Hause abliefert. „Dein Kreislauf hat schlappgemacht. Das sollten wir ernst nehmen." Sie zögert. „Bist du vielleicht schwanger?"

„Nein!", ruft Boris, der meine Beine aufs Sofa gelegt hat und mir ein Glas Wasser in die Hand drückt, und dieses Nein klingt sehr entschieden, worüber ich dankbar bin. „Sie hat ein anderes Problem."

„Und welches?", will Tina wissen und mustert mich von oben bis unten.

Ich werfe Boris einen warnenden Blick zu. „Nichts, es ist nichts", sage ich. „Boris sieht Gespenster."

Er schüttelt den Kopf. Dann schaut er Tina an und sagt: „Lea hasst Joggen. Sie tut es nur dir zuliebe."

Ich bin so entsetzt, dass meine Lebensgeister schlagartig wieder erwachen. „Das stimmt nicht!", sage ich laut, auch wenn ich mich im selben Moment dafür ohrfeigen will.

Tina blickt mich ausdruckslos an. „Du joggst nur mir zuliebe? Aber Lea, was soll denn das? Wieso hast du mir nichts gesagt?"

„Ich ... wollte ..." Mir fehlen die Worte. Und weil ich mir nicht anders zu helfen weiß, richte ich meine Wut und Enttäuschung gegen Boris. „Was bist du nur für ein Arsch? Ich hätte es ihr schon noch gesagt!"

Die beiden werfen sich einen vielsagenden Blick zu. So vielsagend, dass ich noch wütender werde. In meinem erbärmlichen Zustand rapple ich mich vom Sofa hoch, wobei ich das Wasserglas umwerfe, das sich sofort auf dem Parkett ergießt. „Im Ernst, wer solche Menschen in seinem Umfeld hat", gifte ich in Boris' Richtung, „der braucht echt keine Feinde mehr."

Dann stehe ich auf und wanke aus dem Wohnzimmer, um mich – konfliktfähig und erwachsen, wie ich mittlerweile bin – im Badezimmer einzusperren.

Ich schäme mich so. Immerhin bin ich reflektiert genug, um zu begreifen, dass ich es nicht wegen Boris' Verrat tue. Sondern weil ich Tina nicht die Wahrheit gesagt habe. Stattdessen habe ich mich über ein halbes Jahr lang zur Alster geschleppt und etwas gemacht, was ich nicht leiden kann. Ich bin so bescheuert. Wenn ich doch früher den Mund aufgemacht hätte! Dann müsste ich mich jetzt nicht wie eine Primanerin fühlen, die beim Schummeln erwischt wurde, außerdem hätte ich mir sehr viele Schmerzen und noch mehr schlechtes Gewissen erspart. Das einzig Gute an der aktuellen Situation ist: Joggen muss ich in nächster Zeit vermutlich wirklich nicht mehr gehen. Besonders nicht mit Tina. Die muss mich für eine totale Idiotin halten.

Es schabt an der Badezimmertür. „Komm da raus, Tina ist weg", fordert Boris mich auf. Als Unterstützung hat er den Hund mitgebracht, der seine Nase in den Schlitz zwischen Türblatt und Fußboden schiebt und so tief einatmet, als wäre er ein kolumbianischer Drogenboss bei der Prüfung einer wichtigen Lieferung.

„Zieh Leine!", gifte ich, auch wenn der arme Hund eigentlich nix dafür kann.

„Lea, sei doch nicht so stur. Ich dachte, du hättest in den letzten Wochen etwas gelernt?"

Vorsicht, mein Freund, denke ich und spüre, wie die Wut wiederkommt. Ich beiße mir auf die Lippe, um nicht zu sagen, was ich denke. Denn eines ist klar: Gewaltfreie Kommunikation wäre das nicht mehr.

„Hätte ich mir gleich denken können", lästert Boris hinter der Tür weiter, während der Hund zu winseln beginnt. „Du hast dich kein bisschen verändert. Du bist genauso ein Harmoniesuchti wie vorher!"

Jetzt reicht's. Ich stehe vom Klo auf, entriegle die Tür und reiße sie auf. Dann baue ich mich vor Boris auf und stemme die Hände in die Seiten. Dass mein Freund, selbst wenn ich mich so in Pose werfe, immer noch anderthalb Köpfe größer ist als ich, wirft einen weiteren Scheit in das lodernde Feuer meines Zorns. Ich bin so wütend, wie ich es vermutlich noch nie gewesen bin. Was bildet sich dieser Arsch mit Ohren eigentlich ein? Er urteilt über mich?! Ausgerechnet er? Na warte.

„Ich will dir mal was sagen, du Würstchen!", schreie ich ihn in einer Lautstärke an, die mich selbst überrascht. „Wann und wie viel ich mich weiterentwickle, geht dich einen feuchten Kehricht an! Bevor ich mich in einen Kotzbrocken wie dich verwandle, führe ich lieber bis zum Ende meines Lebens keine Konflikte, und zwar weil ich mich dafür ENTSCHEIDE."

Ich bin mir sicher, die Großbuchstaben hat er gehört. Auf jeden Fall sieht mich Boris mit einem überraschten Gesichtsausdruck an. Überrascht und auch ein bisschen zufrieden.

„Du bist niedlich, wenn du dich aufregst", sagt er.

„Ich bin überhaupt nicht niedlich!", brülle ich noch lauter, woraufhin zumindest der Hund den Schwanz einzieht und sich in sein Körbchen verkrümelt. Immerhin einer. „Sag du mir nicht, dass ich niedlich bin! Mir reicht's! Ihr könnt mir alle mal den Buckel runterrutschen!"

Ich mache einen Schritt zurück ins Bad, donnere die Tür zu und schließe wieder ab. Boris bleibt noch einen Augenblick vor dem Badezimmer stehen, dann seufzt er laut und sagt zum Hund: „Da hat aber jemand richtig schlechte Laune."

Kurz darauf höre ich ihn im Flur rumoren. Die Leine klappert, die Verschlüsse des Hundegeschirrs schnappen zu, dann klopft es leise an der Tür.

„Ich gehe mit dem Hund raus und danach noch schnell in den Supermarkt. Brauchst du was?"

Außer Boxhandschuhe? Nein, danke, denke ich und schweige beleidigt.

„Komm, Hund, wir gehen", sagt Boris leise. „Bis später", ruft er mir noch zu, aber ich reagiere wieder nicht.

Als sie weg sind, schleiche ich aus dem Badezimmer und hole mir eine Tüte Gummibärchen und mein Handy. Damit ziehe ich mich in meine Höhle zurück wie ein verletztes Tier.

Ich weiß schon, warum ich Streits und Auseinandersetzungen nicht leiden kann. Ich habe nämlich nicht den Hauch einer Ahnung, wie ich meinen Status als Königin der beleidigten Leberwürste wieder ändern kann. Beinahe kommt es mir so vor, als ob ich blind in ein Labyrinth hineingerannt wäre und nun den Rückweg nicht mehr finde. Mich einfach entschuldigen? Wäre eine Möglichkeit. Blöderweise weiß ich nicht, wie man sich bei jemandem aufrichtig entschuldigt und dabei nicht zu Kreuze kriecht. Entschuldigung, es steckt doch schon im Wort: die Schuld auf sich nehmen, zumindest verstehe ich es so. Vermutlich ist das der Grund, warum ich den Konflikten in der Vergangenheit bereits beim leisesten Anzeichen aus dem Weg gegangen bin: weil ich keine Ahnung habe, wie man aus der Nummer wieder rauskommt.

In meinem Kopf gibt es nur zwei Möglichkeiten:

1. Für immer im Badezimmer bleiben.
2. Rauskommen, einen herzzerreißenden Entschuldigungs-brief schreiben und dann schleunigst auf Nimmerwieder-sehen verschwinden.

Ich bin noch neu in dem Metier, aber mein Bauchgefühl sagt mir, dass es weitere Wege gibt, wie man sich nach einem Streit verhält. Zum Glück habe ich das Handy und die Gummi-bärchen da. Die einen beruhigen die Nerven, das andere hat Zugang zum Internet.

Ich lande, wie so oft in meinem Leben, in diversen merk-würdigen Foren, deren Einträge teilweise fast so alt wie das In-ternet selbst sind. Zu meinem größten Erstaunen stolpere ich über eine Studie[31] der University of Texas in Dallas, die sich tat-sächlich wissenschaftlich mit dem Thema beschäftigt hat. Zwei Wochen lang haben die Forscher 226 Paare Tagebuch über ihre Konflikte führen lassen und anschließend ausgewertet. Dabei fassten sie die unterschiedlichen Strategien, mit einer Ausein-andersetzung umzugehen, in vier Kategorien zusammen:

- Vermeidung, dazu gehören Sich-aus-dem-Weg-Gehen, Schmollen und vollständiges Ausblenden des vorange-gangenen Streits. Definitiv mein Ding.
- Eine neue Perspektive einnehmen, was bedeutet, sich in den anderen hineinzuversetzen und zu versuchen, den Konflikt aus seiner Perspektive zu betrachten. Dazu kann ich nur sagen: Pf!

- Aktive Wiedergutmachung, womit die Wissenschaftler das Sich-Entschuldigen, Vergeben und Eingehen von Kompromissen clusterten. Irritierenderweise auch Zärtlichkeit und Sex.
- Loslassen oder auch: Boris' Style. „Wir sind uns einig, dass wir uns nicht einig sind" wird vermutlich einmal auf seinem Grabstein stehen. Und nur jemand wie Boris kann mit dieser Strategie wirklich glücklich werden.

Ich bin schon versucht, das Handy im Klo zu versenken, als ich lese, welche dieser Strategien die erfolgreichste ist, um Konflikte in Partnerschaften aufzulösen: die aktive Wiedergutmachung. Soll ich jetzt mit Boris in die Kiste, damit wir uns wieder vertragen, oder was? Kommt ja gar nicht in die Tüte!

Aber ich kann auch nicht an meiner Vermeidungsstrategie festhalten, die ist nämlich laut Studie am destruktivsten und kann auf Dauer eine Beziehung an den Abgrund führen.

Plötzlich kommt mir der Versöhnungssex doch nicht mehr so schlecht vor.

Konflikt austragen: 1.

Konflikt ignorieren: 0.

Ich begreife in den kommenden Minuten, dass die Post-Streit-Phase beinahe genauso wichtig ist wie die Akut-Streit-Phase, denn nach einer Auseinandersetzung sind alle Beteiligten (vermutlich bis auf Boris) extrem feinfühlig und verletzlich. Umso wichtiger scheint es, in dieser Phase die Kratzer und Beulen in der Karosserie wieder auszubessern und die Beziehung auf eine neue, vertrauensvolle Ebene zu heben.

Ich lasse das Handy sinken. Wenn ich ehrlich bin, habe ich nie verstanden, was an Streit *gut* sein soll. „Reibung erzeugt

Wärme", das hab ich schon im Physikunterricht nicht kapiert, in der Partnerschaft noch dreimal weniger. Je länger ich lese, desto bewusster wird mir allerdings, dass ein ausgetragener Konflikt die Luft reinigen kann, wie ein Sommergewitter, nach dem es immer ganz besonders gut riecht – sofern man sich anschließend vernünftig auseinandersetzt. Und genau daran hapert es bei mir. In meiner Familie gab und gibt es einfach überhaupt keine Streit-, Entschuldigungs- oder Konfliktlösungskultur. Ich berichtete bereits über den Teppich, der meterhoch bei uns zu Hause aufragt, weil sich all die kleinen und großen Enttäuschungen, Verletzungen und Missverständnisse darunter anhäufen. Ich glaube, meine Mutter nimmt mir bis heute übel, dass ich mit zwölf eine ihrer Lieblingsvasen kaputt gemacht habe – nur gesagt hat sie es mir nie. Stattdessen klebte sie mein Vergehen in ihr Rabattmarkenheft ein, um es bei der nächsten Sache herauszuholen und sich daran zu erinnern, was ich in der Vergangenheit getan habe. Das sorgt zum einen dafür, dass ich so ziemlich überhaupt keine Chance habe, den Berg jemals abzutragen, und zum anderen, dass sie ein bestimmtes Bild von mir konstruiert, wie ich in ihren Augen bin. Und auf dieses Bild kann ich leider keinen Einfluss nehmen, denn in ihr Rabattmarkenheft lässt sie mich nie einen Blick werfen – immer erst, wenn die Kacke am Dampfen und bereits alles zu spät ist.

Mein Vater selbst hat kein solches Heft, regt sich aber andauernd über mich auf, weil ich nicht das tue, was er von mir erwartet. Ich habe das Falsche studiert, lebe mit dem falschen Mann im falschen Beziehungsmodell (unverheiratet, keine Kinder) und habe viele falsche Entscheidungen getroffen, die er einfach nicht nachvollziehen kann. Anstatt mir das einmal zu sagen und danach zu beschließen: *Schwamm drüber, ist ihr Leben, ich muss damit ja nicht glücklich werden!,* legt er mir bei jeder sich bietenden Gelegenheit eine passiv-aggressive Spitze hin, mit der ich mich dann wieder auseinandersetzen darf. Sein Repertoire reicht von „Dein Leben möchte ich haben!" (abfällig) über „Wie man seinen Intellekt verschwenden kann!" (fassungslos-verzweifelt) bis zu „Wenn du das mal nicht bereust" (besserwisserisch), und ausnahmslos jedes Mal komme ich mir unzulänglich und blöde vor, aber keineswegs wie beinahe 40 und fest im Berufsleben wie in einer Partnerschaft stehend.

Klar, es sind nicht nur die Eltern. Ich schiebe gern und häufig alles, was so geht, auf meine Mutter und meinen Vater ab, und vermutlich habe ich bei einer solch ausgeprägten Nicht-Streitkultur im Hause Blumenthal einen ordentlichen Schlag abbekommen. Aber im Gegensatz zu Kurzsichtigkeit, Migräne und trägem Stoffwechsel kann ich an meiner Konfliktfähigkeit arbeiten. Ich kann sie verändern. Ich muss ja nicht so bleiben, wie ich bin, wenn ich nicht will.

Diese ganze Streitvermeidung und fehlende Versöhnung ist nämlich schlecht für die Gesundheit, verursacht Schlafstörungen (kann ich bestätigen), Kopfschmerzen (auch das) und allgemeines Unwohlsein (zweimal ja).[32] Und zwar nicht nur für die seelische Gesundheit, denn Streiten löst tatsächlich Wohlbefinden und Glück durch Endorphinausschüttungen aus. Wow! Wer hätte das gedacht? Damit ist Streiten ja noch besser als Schokolade, die macht nämlich glücklich *und* dick.

Konflikt austragen: 2.
Konflikt ignorieren: 0.

Streiten stärkt, lese ich im Internet weiter, außerdem die Bindung zueinander, egal ob in der Liebe, in der Familie oder mit Freunden. Seltener in der heißen Phase, aber fast immer nach der vertrauensvollen gemeinsamen Auflösung. Man zeigt sich, dass man sich vertrauen kann, dass man einander trotzdem noch lieb hat, auch wenn man den anderen gerade noch auf den Mond schießen wollte, und dass einem wirklich etwas aneinander liegt – ansonsten müsste man sich ja gar nicht auseinandersetzen.

Konflikt austragen macht den dritten Treffer.

Konflikt ignorieren ist raus aus dem Turnier.

Ich bin fassungslos und lasse das Handy sinken. Wie bin ich all die Jahre ohne Konflikte ausgekommen? Die Menschen in meinem Umfeld müssen gedacht haben, ich sei eine ignorante Kuh! Nicht ausgetragene Konflikte führen nämlich zur Entfremdung. Man denkt für den anderen mit, liest seine Gedanken, anstatt einfach zu fragen: „Was geht in dir vor?“ Und alles nur aus der Angst heraus, es könnte krachen.

Ab heute werde ich mich im Streiten üben, und zwar bei jeder Gelegenheit, die sich mir bietet. Ich werde eine Großmeisterin des Konflikts werden! Menschen werden zu mir pilgern, mich um Rat fragen, sich an mir reiben, und wir werden so viel Nähe erzeugen, dass wir als erneuerbare Energiequelle gelten.

Apropos Reibung.

Ich springe vom Badewannenrand und reiße die Tür auf. Dann rase ich ins Schlafzimmer, suche eine Playlist mit besonders lasziver Fahrstuhlmusik heraus und drapiere mich auf dem Bett. Als mir auffällt, dass ich immer noch die eher bedingt erotischen Joggingklamotten anstelle von heißen

Dessous trage, geht leider schon die Wohnungstür auf. Eine Minute später steht Boris im Schlafzimmer.

„Was ist denn hier los?"

„Versöhnungssex", jubele ich, hüpfe von der Matratze und mache mich an seiner Hose zu schaffen.

Einen Augenblick lang schaut Boris mich irritiert an. Dann sagt er: „Wer bist du, und was hast du mit Lea gemacht?"

Ich schnaufe laut. „Willst du das jetzt wirklich diskutieren?"

„Nee", sagt er grinsend und wirft mich aufs Bett.

## Streiten für Anfänger und Fortgeschrittene

Keine Frage, richtig streiten will gelernt sein. Wenn man es falsch macht, sorgen ständige Zankereien nämlich nicht für Wachstum in der Beziehung, Nähe und Verständnis füreinander, sondern dafür, dass man sich gegenseitig auf den Sack oder irgendwann aus dem Weg geht, weil man selbst bei Kleinigkeiten explodiert.

Die folgenden zehn goldenen Regeln helfen sowohl unverbesserlichen Konfliktvermeidern als auch notorischen Streitsuchern dabei, in einem vernünftigen Rahmen die Fetzen fliegen zu lassen. Mögen die Spiele beginnen!

## 1. Den richtigen Zeitpunkt wählen

Hä? Wie? Wann soll denn der richtige Zeitpunkt für einen Streit sein? Vielleicht hilft die Gegenfrage: Wann ist denn garantiert ein falscher Zeitpunkt? Wenn beide unter Stress stehen, zum Beispiel. Oder drei Minuten vor dem Standesamt. Auch der Moment der Verabschiedung ist, sagen wir, nur mäßig geeignet. Ja, es ist nicht gut, wenn man seine Unzufriedenheit runterschluckt. Aber nach einem schönen gemeinsamen Tag, einem leckeren Essen oder einfach einem Moment, in dem beide Streithähne Zeit und Ruhe haben, kommt man definitiv weiter bei der Auseinandersetzung, als wenn einer auf dem Sprung und der andere schon auf 180 ist.

## 2. Respekt zeigen

Aretha Franklin hat ein wunderbares Lied über Respekt geschrieben, das man sich hervorragend ins Gedächtnis rufen kann, wenn mal wieder die Pferde mit einem durchgehen. Respekt ist wichtig, und man zollt ihn nicht, wenn man sich beleidigt, mit den Augen rollt oder überheblich wird. Verkneif dir das.

## 3. Keine Pauschalaussagen

Streiche aus deinem Repertoire die Wörter „immer", „nie", „keiner" und „alle". Das sind Pauschalisierungen, die euch nicht weiterbringen, weder als Individuen noch als Partner. Solche Aussagen sorgen nur sehr zuverlässig dafür, dass dein Gegenüber wie eine Miesmuschel zuklappt und für eine längere Zeit nicht mehr aufgeht. Im schlimmsten Fall bleibt er sogar für immer geschlossen.

**4. Beim Thema bleiben**

„Und wenn wir schon dabei sind ..." Oh nein. Ein akuter Konflikt ist keine Erlaubnis, in der aktuellen Situation mit allem aufzuräumen, was einem schon seit Wochen/Monaten/Jahren gegen den Strich geht. Also immer bei einem Thema bleiben und nicht ablenken oder ablenken lassen. Das gilt auch für Vorwürfe, die man seinem Gegenüber macht, um vom Thema abzulenken. Dafür gibt es die gelbrote Karte. Uncool.

**5. Pause machen**

Klingt vielleicht komisch, aber ein Streit ist wie eine Autofahrt nach Italien: Ohne Pausen wird er sehr lang und zäh und fängt irgendwann an, richtig wehzutun. Spätestens wenn man beginnt, sich im Kreis zu drehen oder die alten Vorwürfe von vor einer Stunde aufzuwärmen, sollte man ein Time-out vorschlagen. Das geht ganz einfach: „Ich möchte das gern mit dir klären, aber heute hat das keinen Sinn mehr. Lass uns morgen weiterreden." Wenn es bei euch richtig knallt, könnt ihr auch ein Safeword vereinbaren. Genau: wie beim SM-Sex.

**6. Ich-Botschaften senden**

Wer bei einem Streit immer nur in Du-Sätzen spricht, klingt nicht nur vorwurfsvoll, er ist es auch. Die meisten Sätze lassen sich ziemlich einfach in Ich-Botschaften verwandeln: „Ich wünsche mir, dass du häufiger zu Hause bist" klingt auf jeden Fall besser als „Nie bist du zu Hause!" (siehe auch Regel 3). Und ja, selbst „Ich finde dich scheiße" ist eine bessere Alternative als ein herzhaftes „Du bist scheiße", denn das eine ist eine persönliche Empfindung, das andere eine allgemeine Aussage. Selbst wenn sie stimmt.

## 7. Empathisch bleiben

Wenn man so richtig im Tunnel ist, kann es schwerfallen, Verständnis für den anderen aufzubringen – aber genau in diesen Momenten zeigt sich doch, ob man sich nur selbst oder eben auch den anderen nahesteht. Die Betonung liegt dabei auf *auch*. Wer beim Streit nämlich nur beim Gegenüber und gar nicht bei sich selbst ist, wird keine Lösung finden, die ihm taugt, und sich am Ende vielleicht wie ein Heiliger fühlen, aber nicht gesagt haben, was er wirklich denkt. Und das lässt einen nach und nach zu einem riesigen Ballon anschwellen, der irgendwann platzt. Mit einem sehr lauten Knall.

## 8. Kompromisse eingehen

„Ein Kompromiss ist die fabelhafte Gelegenheit, sich auf meinen Standpunkt zu einigen", sagte einst der deutsche Aphoristiker Erwin Koch und spricht damit offenbar vielen Menschen aus der Seele. Einige Leute mögen nämlich keine Kompromisse, weil sie das Gefühl haben, sich damit auf eine halbgare Lösung zu einigen. Das kann man natürlich so sehen, allerdings wird es im menschlichen Miteinander dann ziemlich schwierig, wenn man nicht gerade in der glücklichen Lage ist, irgendein autokratischer Herrscher zu sein. Ein Kompromiss ist dann gut, wenn beide Parteien das Gefühl haben, etwas gewonnen zu haben – und gleichzeitig bereit waren, auf etwas zu verzichten, das für sie entbehrlich ist.

### 9. Aussöhnung

Man muss sich nach einem Streit ja nicht gleich vor Lust die Klamotten vom Leib reißen, aber so ein bisschen Nähe, selbst wenn sie Überwindung kostet, tut nach der Auseinandersetzung immer gut. Das kann eine Umarmung sein oder eine freundliche Geste. Beides ersetzt aber nicht das klärende Gespräch, in dem man ohne wilde Emotionen noch einmal das Fazit bespricht, im besten Fall sogar das, was man aus dem Streit gelernt hat.

### 10. Positive Beziehungserlebnisse

Die 5-zu-1-Formel[33] besagt: Nach einem negativen Beziehungserlebnis (und na ja, das ist ein Streit nun mal für die meisten) braucht es fünf positive Erlebnisse, um das negative wieder auszugleichen. Denn wenn es nach einem Streit genauso weitergeht wie vorher, war nicht nur der Streit völlig umsonst, die Partnerschaft kommt auch nicht aus der Gefahrenzone. Und das ist in etwa so, als würde man nach 90 Minuten Fußballspiel gleich zur nächsten Partie aufbrechen. Nach kürzester Zeit wären die Akkus alle, Missverständnisse lauerten hinter jeder Ecke, man würde ewig weiterstreiten. Das kann eine Beziehung aushöhlen. Bei aller Liebe: Das muss ja nicht sein, denn wenn man sich trennen will, geht das auch einfacher.

# KAPITEL

# „Ich will so streiten, wie ich bin": Sich selbst die Erlaubnis geben, auch mal unbequem zu sein

Es klingelt an der Wohnungstür. Es ist Frau Pressel, die heute offenbar wieder im Kampfmodus bei uns aufschlägt. Sicher nur, weil sie weiß, dass Boris nicht da ist. Mir ist mittlerweile klar geworden, warum ich ihr das liebere Opfer bin. Boris ist groß, breit und wirkt sehr männlich, zudem hat er eine tiefe Stimme und ein bestimmtes Auftreten. Das sorgt bei Frau Pressel für das Gefühl, sich mit ihm nicht anlegen zu wollen – weshalb sie es auch nicht tut. Das Paradoxe: Weil er so konfliktbereit wirkt, wird er meistens nicht behelligt. Wohingegen ich, die alles in allem eher Form und Struktur eines nachgiebigen, geschmeidigen Hefeteigs hat, ständig an die Konfliktfront geschickt werde. Irgendwie gemein.

„Fräulein Blumenthal", legt die Nachbarin los, und ich sehe es bereits ihrem tiefen Luftholen an, dass sie was zu sagen hat. „Ihre Sportschuhe. Die stehen immer noch im Flur ..."

Weiter lasse ich sie nicht kommen. Ich strecke die Hand nach vorn, um ihr Einhalt zu gewähren, und die Geste irritiert sie so sehr, dass sie tatsächlich verstummt und mich leicht verunsichert anblickt.

„Genau wie Ihr Gummibaum, Frau Pressel. Wenn Sie schon wollen, dass wir die Brandschutzbestimmungen einhalten, kommt auch der Baum aus dem Flur. Gleiches Recht für alle."

Sie schnauft. Senkt den Kopf. Denkt nach. Und nickt. „In Ordnung. Die Schuhe bleiben. Schönen Tag noch." Dann dreht sie sich um und geht davon.

Ich weiß nicht, ob ich lachen oder weinen soll. Lachen, weil es so unglaublich einfach war. Weinen, weil es so unglaublich einfach war und ich in Summe vermutlich Tage meines Lebens darauf verschwendet habe, mich vor Frau Pressel zu fürchten. Was hätte ich in dieser Zeit alles tun können! Dem Hund lustige Tricks beibringen, alle Staffeln *Game of Thrones* schauen, eine Sprache erlernen. Stattdessen habe ich mich mit meinen Ängsten beschäftigt und ihnen damit gleichzeitig so viel Futter gegeben, dass man sie gut und gern als eigenständige Lebensform bezeichnen könnte.

Es tut aber gut, manchmal Nein zu sagen und nicht alle naselang nett zu sein. Und es stärkt den Charakter, von Zeit zu Zeit (vermeintlich) unangenehm zu werden. Nur Nullen haben keine Ecken und Kanten. Und wenn ich meinem Umfeld keine Grenzen aufzeige, werden mir andauernd Leute in den Garten latschen und ihren Müll bei mir abladen. Das können Aufgaben bei der Arbeit (Nicole), persönliche Probleme (Zahnärztin) oder Vorwürfe aus der Steinzeit (Mama) sein. Aber my home is my castle. Ich entscheide, wen ich mit welcher Befindlichkeit bei mir reinlasse.

Dasselbe gilt natürlich auch umgekehrt. Wenn ich die Hand hebe und laut und deutlich sage: „Dafür stehe ich nicht mehr zur Verfügung!", dürfen die anderen entscheiden, ob sie in den Konflikt mit mir gehen oder nicht.

In den häufigsten Fällen ist es so, dass meinen Ansagen gar keine Auseinandersetzungen folgen. Die meisten Menschen kommen nämlich erstaunlich gut damit klar, wenn man seinen Willen artikuliert. Oder für sich einsteht. Die eigenen Grenzlinien markiert. Und aufhört, es allen anderen recht machen zu wollen.

Sollte es doch mal zu einer Meinungsverschiedenheit kommen: Okay. Gehört zum Spiel dazu. Man muss ja keine olympische Medaille im Streiten gewinnen. Es gilt vielmehr: Dabei sein ist alles. Wer in Beziehungen lebt, seien sie kollegial, freundschaftlich, familiär oder romantisch, wird über kurz oder lang Konflikte auszutragen haben. Das Wunderbare ist aber, dass eine erfolgreiche Konfliktlösung zu viel mehr gegenseitigem Verständnis, Wärme und Nähe führt. Wie Cannelloni in Sahnesoße.

Als Mamas Name auf dem Display meines Handys erscheint, ahne ich nichts Böses.

„Dein Vater!", beginnt sie das Gespräch, holt tief Luft und setzt dann zu einer wahren Meckerarie an. „Er ist ein unmöglicher Mensch, ich weiß nicht, warum ich ihn geheiratet habe! Weißt du, was er gemacht hat? Er hat schon wieder Urlaub für uns gebucht, ohne das mit mir abzusprechen. Der verplant mich einfach so! Ist das zu fassen? Das hat er damals schon gemacht, bei unserer Hochzeit. Da hat er entschieden, dass wir einen Polterabend, ein standesamtliches UND ein kirchliches Fest haben, und er hat mich nicht gefragt. Es war wie bei einer türkischen Hochzeit, sieben Tage lang war unser Haus besetzt von seinen Freunden, und das waren ja alle so Verbindungsbrüder, die haben gesoffen, das kannst du dir nicht vorstellen, einer hat mir sogar ..."

„... in die Hausschuhe gepinkelt!", vervollständige ich ihren Satz, weil ich die Geschichte in- und auswendig kenne. Sie schweigt, ist offenbar aus dem Konzept gebracht. Das ist meine Chance. „Ich verstehe deinen Ärger sehr gut. Wieso sagst du ihm nicht einfach, dass du nicht mehr mit ihm in den

Urlaub fährst, wenn er ständig über deinen Kopf hinweg entscheidet und dich in seinen Planungen nicht miteinbezieht?"

„Das wäre ja noch schöner", meckert sie weiter. „Jetzt soll *ich* auch noch das Gespräch suchen?"

„Offensichtlich hast *du* ja ein Problem mit seinem Verhalten. Er nicht."

Darüber denkt sie einen Moment nach. Dann sagt sie: „Du weißt doch, wie er ist."

Klar weiß ich das. Weshalb ich mit meinem Vater auch seit 20 Jahren nicht mehr unter einem Dach lebe.

„Was wirst du stattdessen tun?", hake ich nach. „Ich stelle mal eine Vermutung an. Du wirst die nächsten zwei Wochen nicht mit ihm reden, innerlich aber kurz vorm Explodieren sein, und wenn der Urlaub dann kommt, fährst du trotzdem mit. Wie immer."

„Pöh!", macht Mama. „Das stimmt doch gar nicht."

„Doch, so war es die letzten 40 Jahre, und so wird es auch die kommenden Jahre sein. Weil du nämlich nicht bereit bist, Verantwortung zu übernehmen."

„Also hör mal! Was soll ich denn noch alles machen?"

„Den Mund auf. Das wäre ein guter Anfang."

„Das muss ich mir nicht bieten lassen!", wettert Mama weiter. „Ich habe angerufen, weil ich von dir Rückendeckung wollte, aber ich hätte es besser wissen müssen. So warst du schon immer. Ich weiß noch, als du ..."

„Es reicht", sage ich laut und deutlich, und meine Mutter schweigt. Das überrascht uns beide. „Ich hab dich sehr lieb, aber du bist wirklich die nachtragendste Person der Welt. Und ich sage dir jetzt noch was. Wenn du mit irgendeinem Verhalten von mir nicht einverstanden bist, dann sagst du mir das zukünftig innerhalb der kommenden 14 Tage oder du behältst es für dich und kommst allein damit klar. Ich möchte es nicht erst Monate oder sogar Jahre später aufs Brot geschmiert bekommen, wenn ich es schon längst vergessen habe."

„Warum denn 14 Tage?"

„Das ist die gesetzliche Rückgabefrist. Alles, was du mir danach vorwirfst, gilt als verjährt. Ich verweigere dann die Annahme."

Mama plustert sich auf. „Das ist ja ... wohl die Höhe!"

„Nee, Mama", sage ich. „Das ist meine Regel. Du kannst sie einhalten oder dich über sie hinwegsetzen – aber ich habe keine Lust mehr, mich mit deinen Vorwürfen von anno dazumal auseinanderzusetzen. Was passiert ist, ist passiert. Hak es ab. Schwamm drüber. Und hör auf, bei den anderen die Schuld zu suchen, das macht dich voll zum Opfer. Mach's lieber wie die Möwe."

„Hä?"

„Scheiß drauf!"

Meine Mutter schweigt. Sie schweigt lange. Für einen Moment bin ich mir sicher, dass sie aufgelegt hat. Dann sagt sie leise: „Du bist in letzter Zeit so anders. Ich erkenne dich gar nicht wieder. So frech und kratzbürstig, beinahe wie früher, als du noch ein Kind warst."

„Ist das schlecht?", will ich wissen.

Sie seufzt. „Überhaupt nicht. Aber von mir kannst du das nicht haben."

Da sind wir ja dann endlich mal einer Meinung.


Ich habe das Gefühl, in eine neue Phase meines Lebens einzutreten. Zugegeben, es fällt mir immer noch schwer, mein beinahe reflexhaftes Ja zu so ziemlich allem zu unterdrücken und mir diesen kleinen Moment zu gönnen, in dem ich meine Meinung zu einem Thema abfrage. Mein Rechner ist eben nicht mehr der jüngste, die Leitungen sind etwas eingerostet, deswegen dauert es manchmal, bis ich einen Datensatz ausgespuckt bekomme.

Als ich am darauffolgenden Mittag mit Sophia beim Italiener sitze und er mir das Tagesgericht, die Minestrone, nicht nur ans Herz legt, sondern mich regelrecht dazu drängt, sie zu nehmen, gerate ich kurz in Versuchung, einfach Ja zu sagen. Dabei mag ich Suppe nicht einmal. Zudem habe ich den Eindruck, die Minestrone verkauft sich nicht besonders gut, denn auf allen anderen Tellern sehe ich Nudeln, Focaccia und Salate. Das triggert sofort mein schlechtes Gewissen, weil sich der Koch die Mühe umsonst gemacht hat und enttäuscht ist, weil keiner sie will, und ich zu allem Überfluss auch noch befürchte, die Suppe müsse jetzt weggeschmissen werden.

Und dann denke ich mir: Aber warum solltest denn ausgerechnet du der Mülleimer sein?

„Danke für die Empfehlung, aber ich hätte lieber die Cannelloni", beschließe ich und mache vorsorglich kurz die Augen zu, damit ich nicht in das enttäuschte Gesicht des Kellners schauen muss.

Minestrone als Tagesgericht? Nicht mein Problem.

Sophia scheint meinen inneren Kampf nicht mitbekommen zu haben, auf jeden Fall plaudert sie munter über ihren nächsten Urlaub und erzählt frei heraus, dass sie und ihr Mann sich nicht einigen können.

„Ich will in die Berge, er unbedingt ans Meer. Aber diesmal bin ich dran mit dem Entscheiden! Immerhin waren wir jetzt zwei Wochen auf Mykonos, da wird es ja wohl kein Problem sein, als Nächstes nach Österreich zu fahren."

Ich bewundere sie dafür, dass sie ihre Bedürfnisse so klar formulieren kann. Davon bin ich noch weit entfernt, auch wenn ich mich endlich auf den Weg gemacht habe.

„Das Problem ist", fährt sie fort, „dass wir nun schon seit Wochen darüber streiten. Eigentlich streiten wir nur noch – und nicht mehr nur über den Urlaub. Das Thema ist irgendwie in alle anderen Lebensbereiche übergeschwappt. Ständig geht es bei uns ums Bestimmen, egal, ob wir übers Abendessen diskutieren oder was wir am Wochenende machen."

„Wie wäre es mit einem Kompromiss?", schlage ich vor, ganz die Chefdiplomatin und Botschafterin des Friedens.

„Wie soll der bitte aussehen?"

Also, was Kompromissfähigkeit angeht, bin ich selbst ernannte Expertin. Nicht, dass die Kompromisse zu meinen Gunsten ausgehen oder mich halbwegs zufrieden hinterlassen würden. Meistens steige ich nämlich schon mit der fertigen, in meinen Augen idealen Lösung des Dilemmas in den Ring und lasse mir von meinem Gegenüber dann mindestens die Hälfte meines super Kompromisses abluchsen. Das Ergebnis ist, dass mir gerade einmal 25 Prozent von dem bleiben, was ich eigentlich wollte.

Zum Glück hat mir Tina bei einem unserer letzten Treffen von der Korsika-Lösung erzählt.

„Wenn du einen guten Kompromiss erreichen willst, der deine Bedürfnisse berücksichtigt, darfst du auf keinen Fall einen Kompromiss anbieten, so merkwürdig das klingt", sagte sie mir bei einem unseren Joggingtreffen.

„Ist das nicht unlogisch?"

„Überhaupt nicht. Das Ziel ist ja ein Kompromiss von beiden Seiten, nicht nur von dir. Also darfst du den anderen erst mal wissen lassen, was deine Idealvorstellung ist. Er sagt dir, was er am liebsten hätte. Und *dann* trefft ihr euch in der Mitte. Ansonsten zahlst du jedes Mal drauf."

Ich dachte darüber nach, was die Korsika-Lösung im Fall der Joggingrunde sein könnte. Halbes Tempo? Nur die Hälfte der Alster umrunden? Jede zweite Woche nur treffen? Ich nehme das Rad, Tina joggt?

„Wenn du schon mit einem Kompromiss in die Verhandlung einsteigst, denkt der andere, das sei deine Idealvorstellung – und ringt dir einen gewaltigen Teil davon ab. Du hingegen hast vorher schon die ganze gedankliche Arbeit gemacht und bist am Ende unzufrieden."

Ich erzähle Sophia von der Korsika-Lösung. „Ihr könntet getrennt in den Urlaub fahren. Oder erst eine Woche in die Berge, dann eine Woche ans Meer. Oder ihr fahrt nach Korsika. Die Insel hat Berge und Meer. Ihr könnt zusammen dort Urlaub machen, aber jeder bekommt auch, was er möchte."

Sophia schaut mich aus großen Augen an. „Korsika. Da war ich noch nie. Und da gibt es wirklich Berge?"

Ich nicke. „Und Strand."

Sie blinzelt. „Ich glaube, Korsika könnte eine gute Idee sein. Wieso sind wir nicht selbst drauf gekommen?"

Ich zuckte mit den Schultern. „Weil ihr euch festgebissen habt. Und keiner will als Erstes loslassen. Aber loszulassen ist manchmal wichtig, wenn man einen Konflikt austrägt. Ansonsten kann es keinen Konsens geben."

„Die Korsika-Lösung", wiederholt Sophia und lächelt. „Woher weißt du solche Sachen nur?"

In diesem Moment bringt der Kellner einen Teller dampfender Cannelloni an den Tisch und stellt ihn vor mir ab. Es ist das erste Mal in meinem Leben, dass mich weder der Anblick noch die Vorfreude auf die Nudelrollen zufriedenstellen können. Etwas fehlt, und das ist weder Salz noch Parmesan noch die Aussicht aufs Mittelmeer.

Es ist Tina.

## Gewusst wie: Warum es manchmal klüger ist, Auseinandersetzungen nicht von Angesicht zu Angesicht auszutragen

Beim Gedanken an eine tatsächliche Auseinandersetzung von Angesicht zu Angesicht ergreift manche von uns das blanke Entsetzen. Dabei vergessen wir allzu oft, dass es auch andere Wege gibt, unsere Meinung kundzutun, eine Entschuldigung auszusprechen oder Klärung zu finden.

### Telefonat

**Vorteile:**

- Es ist kostengünstig, je nach Minutentarif.
- Man kann sich spontan umentscheiden, in welcher Intensität man bestimmte Dinge formulieren oder wie

man reagieren will, je nachdem, wie sich das Gespräch mit dem Gegenüber entwickelt.

- Augenrollen und Grimassen werden vom Gegenüber nicht bemerkt.
- Wenn das Gespräch nicht so läuft, wie man sich das vorstellt, kann man technische Probleme oder fehlende Netzabdeckung vortäuschen.
- Auflegen ist immer eine Option, wenn auch oft die allerletzte.

Nachteile:

- Man kann auf der Mailbox landen und darauf nicht vorbereitet sein. Dann stammelt man meistens dummes Zeug, wofür man sich die nächsten zwei Tage schämt, und sich wünscht, es ungeschehen machen zu können.
- Augenrollen und Grimassen und sonstige nonverbale Gefühlsausdrücke des anderen werden nicht bemerkt.
- Man erwischt den anderen vielleicht in einer eher ungünstigen Situation.
- Versöhnende Umarmungen sind nicht möglich.

## Sprachnachricht

Vorteile:

- Man kann sich von der Seele reden, was man schon immer mal sagen wollte, ohne unterbrochen zu werden.
- Bei zu langen Nachrichten geht man nur noch auf das Wichtigste ein und lässt die Details beiseite.
- Man hat mehrere Anläufe/Formulierungsversuche, bevor man final auf „Senden" klickt.
- Der andere versteht durch die Intonation, wie manche Sätze gemeint sind.

Nachteile:

- Es kann feige wirken, nur selbst zu reden und sich der Reaktion des anderen nicht stellen zu wollen.
- Der andere kann stundenlang schwafeln, ohne je zum Punkt zu kommen.
- Keine direkte Interaktion möglich, zuweilen muss man während des Abhörens der Nachricht Stichworte notieren, auf die man eingehen will.
- Ab fünf Minuten Länge ist es ein Podcast.

# Brief

Vorteile:

- Ein Brief ist schön altmodisch und besonders.
- Man zeigt, dass einem das Thema wichtig ist.
- Genug Zeit, über die eigenen Worte nachzudenken.
- Das Gegenüber hat Gelegenheit, den Brief wirken und ruhen zu lassen.
- Ein Brief kann, wenn die Versöhnung glückt, zu einem wunderbaren Erinnerungsstück im Beziehungsschatzkästchen werden.

Nachteile:

- Man hört keine Gefühle aus der Stimme heraus und muss das Zeug dazu haben, diese schriftlich gut auszudrücken.
- Vielleicht kommt es zu neuen Problemen, weil der andere die Handschrift nicht (richtig) lesen kann.
- Es dauert lange, bis der andere reagiert.
- Ein Brief kann in der Post verloren gehen.
- Briefe können vor Gericht im Zweifelsfall als Beweisstück angeführt werden.

# KAPITEL
# 11

# Du musst nicht von allen gemocht werden: Der eigenen Harmoniesucht ein Schnippchen schlagen und es endlich richtig krachen lassen

Ich stehe vor Tinas Tür. Ein bisschen Herzklopfen habe ich schon, immerhin habe ich zwei Wochen nichts von mir hören lassen. Aber jetzt bin ich hier, habe eine Erklärung, eine Entschuldigung und selbst gemachte Zimtschnecken dabei, außerdem ist in ein paar Wochen Weihnachten. Das Fest der Liebe und der Vergebung (zumindest in den meisten Familien bis auf die Blumenthals), und wenn Tina das alles nicht reicht, kann ich ihr auch nicht helfen.

Sie ist überrascht, mich zu sehen, scheint sich aber zu freuen. Als sie die erste Zimtschnecke angebissen und einige zufriedene Laute von sich gegeben hat, fange ich an.

„Hör zu, das mit dem Joggen ist ziemlich blöde gelaufen. Ich hätte es dir schon viel früher sagen müssen, dass ich dich damals einfach falsch verstanden habe. Mit ‚Laufen‘ habe ich nämlich nicht Joggen gemeint." Ich zucke entschuldigend mit den Schultern. „Und dann wollte ich dich nicht enttäuschen. Ich habe ja gemerkt, wie froh du bist, endlich eine Trainingspartnerin gefunden zu haben. Irgendwie dachte ich wohl auch, ich würde schon noch Lust an diesem Sport entwickeln." Ich atme tief ein und wieder aus.

Tina sieht mich lange an. Dann die Zimtschnecke in ihrer Hand. Ich bin in diesem Moment heilfroh, dass ich die Dinger mitgebracht habe. Wahlweise als hochkalorische Knautschzone oder als süßer Friedensstifter. Dann seufzt Tina und schüttelt gleichzeitig den Kopf. „Im Ernst, Lea – hältst du mich für so schlecht in meinem Job?"

„Wieso?"

„Glaubst du echt, ich hätte nicht gewusst, dass du dich nur mir zuliebe an die Alster schleppst?" Sie grinst.

Beinahe falle ich vom Sofa. „Hast du?"

„Klar! Von Anfang an. Aber dann hast du mir von deiner Harmoniesucht erzählt. Und ich fand", sie beißt erneut von der Zimtschnecke ab, „dass es eine Eins-a-Übung für dich ist, dich in Konfliktfähigkeit zu trainieren." Jetzt zuckt sie mit den Schultern. „Entschuldige."

Ein bisschen beleidigt bin ich schon. Aber nur, weil ich mir wirklich Mühe gegeben habe, meine chronische Unlust zu verschleiern. „Bin ich so durchschaubar?"

Tina lacht. „Allerdings. Man kann es dir am Gesicht ablesen, wenn du mit etwas nicht einverstanden bist. Irritierenderweise kommen dann aber all diese ausgleichenden, zustimmenden Worte aus deinem Mund – spätestens da wusste ich, dass du mich anflunkerst." Sie zwinkert mir verschwörerisch zu.

„Ich hatte das Gefühl, dir etwas schuldig zu sein. Immerhin hast du mir geholfen, meine Harmoniesucht zu erkennen und ihr auf die Pelle zu rücken."

Tina winkt ab. „Das mache ich gern. Und wenn die Patientin so lernwillig ist, möchte ich im Gegenzug nichts dafür."

„Frieden?", frage ich vorsichtig.

„Absolut", verkündet Tina entschieden. Dann betrachtet sie meine Haare. „Sieht gut aus. Hast du den Friseur gewechselt?"

Verlegen streiche ich mir durch die zwar kürzeren, aber wieder gut aussehenden Haare. „Ja. Tamara war stinksauer.

Aber weißt du, was? Das ist okay so. Jetzt muss ich wenigstens nicht umziehen oder mich ins Ausland absetzen. Weil sie nämlich von sich aus die Straßenseite wechselt, wenn sie mich sieht. Sie kann eben nicht mit Kritik umgehen."

„Und mit Konflikten", sagt Tina lächelnd, und ich lächle mit.

„Vielleicht gehen wir ja mal spazieren. Um die Alster", schlage ich vor. „Ich könnte den Hund mitnehmen. Vielleicht kommenden Mittwoch?"

Tina grinst. „Da kann ich nicht. Bin einer wöchentlichen Jogginggruppe beigetreten. Wir trainieren für den Halbmarathon im Sommer."

Die Geröulllawine, die in diesem Moment von meinem Herzen plumpst, hört man bestimmt noch auf der anderen Elbseite. Denn in diesem Moment begreife ich: Ich habe Tina durch meine latente Konfliktscheu aufgehalten – nicht nur im Tempo, auch in ihrer Entwicklung. Durch unseren Konflikt hat sie die Möglichkeit bekommen und genutzt, sich neu zu orientieren. Denn so viel ist sicher: Zu einem Halbmarathon hätte mich nicht mal meine Harmoniesucht getrieben.

Mir fällt ein Zitat von John F. Kennedy ein, das ich neulich irgendwo gelesen habe: „Die Chinesen verwenden zwei Pinselstriche, um das Wort ‚Krise' zu schreiben. Ein Pinselstrich steht für Gefahr; der andere für die Gelegenheit. Seien Sie sich in einer Krise der Gefahr bewusst – aber erkennen Sie die Gelegenheit."[34]

Ich glaube, der Typ hat recht.

Ein paar Wochen später lässt sich das Unvermeidliche nicht länger ignorieren: Weihnachten steht vor der Tür. Das heißt Chaos, Stress, enttäuschte Erwartungen, Disharmonie und

Konfliktvermeidung vom Feinsten. Immerhin nur einen Abend lang, ich habe dieses Jahr darauf bestanden, am ersten Weihnachtsfeiertag mit zu Boris' Familie zu fahren. Da kracht es zwar auch, aber wenigstens richtig, und niemand muss bis Neujahr beleidigt sein; außerdem stolpert man über keine unter den Teppich gekehrten Konflikte. Meine Mutter findet es naturgemäß gar nicht gut, dass wir nur an Heiligabend da sind, und ich bin mir sicher, dass sie mir das noch in fünf Jahren vorhalten wird.

Als der Abend kommt, ist alles wie immer. Mama steht am Herd und flucht, dass sie alles allein tun muss. Wenn sich dann jemand als Hilfe anbietet, sagt sie anklagend: „Lass bloß gut sein! Ich mach es lieber selbst, sonst mach ich es zweimal." Sie fängt ein bisschen an zu weinen, als sie bemerkt, dass der Hund die Hälfte der Pannacotta aufgefressen hat, die sie zum Kühlen in den Wintergarten gestellt hatte, und schimpft mit meiner Schwester, als der Neffe im Strahl den Kartoffelbrei wieder auskotzt, direkt auf die frische, weiße Tischdecke. Boris und die Schwäger haben sich an einen ruhigen Ort zurückgezogen und fangen noch vor der Dämmerung an, sich zu betrinken, meine Schwestern dekorieren in letzter Minute den Weihnachtsbaum, und ich sitze in einem Sessel und lasse all das Chaos, das Geschrei, die stillen und die lauten Vorwürfe, die angespannte Stimmung und die Kinderkotze einfach an mir vorbeiziehen. Es ist, als ob ich eine Teflonbeschichtung hätte, die verhindert, dass irgendein Konflikt, mit dem ich nicht das Geringste zu tun habe, zu mir durchdringt.

Als meine Mutter fragt: „Kann jemand bitte den Müll runterbringen?", fühle ich mich nicht angesprochen wie sonst – oder habe ein schlechtes Gewissen, weil ich es nicht bereits getan habe. Mein Name ist Lea, nicht „jemand". Und ich habe keine Lust, den Müll runterzubringen. Sollen das doch die besoffenen Schwäger machen.

Als meine eine Schwester fragt: „Ihr füttert den Hund immer noch dreimal am Tag?", und ihr Sohn eine weitere Ladung Kartoffelbrei auf dem Boden verteilt, lächle ich wie ein thailändischer Buddha und schweige. Den Subtext habe ich wohl vernommen, aber ich werde mich garantiert in keine Diskussion über die Fütterung des Nachwuchses verheddern.

Und selbst als mein Vater reinkommt, der seit Stunden nicht gesichtet wurde, weil er am Rechner noch irgendein Bridgeturnier beenden musste, und mich anpflaumt: „Und du sitzt einfach nur hier rum, oder was?", erspare ich mir jeden Kommentar.

Konflikte sind mit Schleifchen verpackte Einladungen. Ich darf selbst entscheiden, welche ich öffnen möchte. Besonders an Weihnachten.

Irgendwann setzt sich Boris zu mir. Er hat einen leicht glasigen Blick, aber ich kann verstehen, dass man sich manche Situationen schöntrinken muss. „Du, ich mag die neue Lea sehr", flüstert er mir ins Ohr. „Auch wenn es in den letzten Wochen bei uns manchmal turbulent zuging, finde ich es weltklasse, wie du deine Familie über dir abregnen lässt, ohne darauf zu reagieren."

Er hat recht, wir lagen uns in den vergangenen Wochen viel häufiger in den Haaren als sonst. Ich habe aber das Gefühl, dass wir näher zusammengerückt sind. Außerdem beschleicht mich von Zeit zu Zeit der Eindruck, dass Boris tief in seinem Inneren froh ist, nicht mehr jede Entscheidung allein treffen zu müssen, weil Lea keine Meinung dazu hat.

Irgendwann ist allen physikalischen Gesetzen und Wahrscheinlichkeiten zum Trotz das Abendessen fertig. Wir sitzen alle um den Tisch, der sich vor Schüsseln, Töpfen und Saucieren nur so biegt.

Zwischen dem ersten und dem zweiten Gang richtet einer meiner Schwäger das Wort an mich. „Lea, erzähl doch mal von deinem Job. Woran arbeitest du gerade?"

Mein Vater schnauft in seine Serviette. Ich weiß, er hätte sich gewünscht, ich wäre wie er unter die Juristen gegangen. Das zeigt in etwa, wie gut er mich kennt, denn dass ich, Lea Blumenthal, die Kuh, die sich Mühe gibt, einen Beruf ergreift, in dem man mit Streiten sein Geld verdient, findet in keinem der Abermillionen Paralleluniversen statt, die es vermutlich neben unserem noch gibt.

Ich ignoriere sein passiv-aggressives Geschnaufe und fange an, ein paar launige Anekdoten aus dem Büro zu erzählen, danach berichte ich von einem Buch, das ich gerade schreibe, über Konflikte und Harmoniebedürfnisse. Plötzlich lauscht die ganze Familie, sogar das Kind hat aufgehört zu kotzen, und die Standuhr schlägt merklich leiser. Schwager 1 fragt nach, Schwager 2 bringt sich plötzlich ein, meine Schwestern hören aufmerksam zu.

So viel Aufmerksamkeit hatte ich nicht mehr, seitdem ich mein Auto beim Rangieren im Hof aus Versehen auf Tuchfühlung mit Papas SUV gehen ließ.

Als ich beim Phänomen der kognitiven Dissonanz ankomme, schnauft mein Vater wieder, diesmal so laut, dass meine Mutter ihm eine Hand auf den Arm legt. Er zieht den Arm weg, schüttelt den Kopf und sagt, obwohl kein Mensch um seine Meinung gebeten hat: „So ein Psychoquatsch! Und mit so was beschäftigst du dich? Ich wüsste Besseres mit meiner Zeit anzufangen."

Boris wirft mir einen alarmierten Blick zu und atmet tief ein, an seiner Schläfe pulsiert eine Ader. Und er ist nicht der Einzige, der reagiert. Meine Schwester blickt in Richtung meines Vaters und sagt: „Da urteilst du aber hart, Papa."

Er legt die Serviette auf den Tisch und faltet die Hände wie zum Gebet. Dann sagt er ruhig: „Lea weiß, dass ich mit ihrer Arbeit nichts anfangen kann. Ich bin ihr größter Kritiker!"

Es wird mucksmäuschenstill am Tisch. Boris' Nasenflügel fangen an zu vibrieren, meine Schwestern haben erschrocken die Luft eingesogen. Mama sucht auf dem Boden nach einer heruntergefallenen Erbse, die sich der Hund aber schon längst geschnappt hat. Das einzige Geräusch, das neben der Standuhr zu hören ist, ist die Hand meines Neffen, die gerade in die Bratensoße auf seinem Teller patscht.

Und dann passiert es. Ich habe eine Eingebung. Einen Augenblick der Brillanz, einen Moment der Exzellenz. Innerlich bin ich ganz ruhig. Nichts kann mich aus dem Gleichgewicht bringen, die Harmonie ist vollkommen, und sphärische Klänge rauschen durch mein Innenohr. Ich flüchte nicht. Ich erstarre nicht. Ich fange nicht an zu heulen.

Stattdessen blicke ich ans andere Tischende, wo mein Vater sitzt, und erwidere gelassen: „Das stimmt, du bist mein größter Kritiker. Da du aber auch der unqualifizierteste bist, macht mir das gar nichts aus."

Meine Schwestern glotzen mich an wie eine Erscheinung. Schwager 1 knetet unangenehm berührt seine Serviette, Schwager 2 hat plötzlich alle Hände voll mit dem Kind zu tun, das er meiner Schwester vom Schoß gerissen hat. Meine Mutter taucht noch tiefer unter den Tisch ab, offenbar wird noch mehr Gemüse vermisst.

Der Einzige, der lächelt, ist Boris.

Dann wenden sich alle Köpfe ans andere Tischende, zu meinem Vater hin. Er trägt eine Miene zwischen Fassungslosigkeit und peinlicher Berührtheit zur Schau.

Die Sekunden verrinnen. Ich frage mich, was im Kopf meines Vaters vor sich geht. Ist da Entrüstung? Erstaunen? Entsetzen? Oder dieselbe gähnende Leere, die mich meistens empfängt, wenn ich mit einer Reaktion nicht gerechnet habe?

Für einige Momente ist es mucksmäuschenstill im Raum. Dann löst sich mein Vater aus seiner Verblüffung und erhebt sein Weinglas. „Ich gebe es nicht gern zu, aber wo sie recht hat, hat sie recht. Prost, ihr Lieben. Und fröhliche Weihnachten euch allen."

Und dabei lächelt er.

# ANHANG

# Danksagung

Ein großer Dank geht an:

Anja Schmidt, die die Idee für „die Möwe" hatte, Celine Koch und Anne Nordmann, die mit Witz, Herz und Verstand das Manuskript lektoriert haben, die Nicoles, Pauls und Tamaras dieser Welt, von denen ich gelernt habe, mich zu behaupten, meine Familie, die ich trotz aller Rabattmarkenhefte, unter dem Teppich begrabenen Konflikte und jahrelang verschleppter Aussprachen immer noch nicht gegen eine andere eintauschen möchte, Tina, die in Wahrheit anders heißt, niemals mit mir joggen gehen würde und mich trotzdem bei den psychologischen Themen beraten hat, Newton, unserem vierbeinigen Mitbewohner, von dem ich gelernt habe, dass man einige Dinge abschütteln und andere einfach anpinkeln kann, B., der mich immer wieder vor neue Herausforderungen stellt. Du alte Krawallbürste, was liebe ich dich und das Leben mit dir!

Ich danke ganz besonders allen, die „die Möwe" gelesen haben. Danke, dass ihr mir eure Zeit und Aufmerksamkeit geschenkt habt. Das ist für mich als Autorin nicht selbstverständlich, denn es ist einfacher, Netflix anzuschalten. Deswegen weiß ich es umso mehr zu schätzen. Ich fände es schön, wenn wir uns wiederlesen.

Du fandest die „Möwe" blöd? Okay. Vielleicht hast du Lust, mir zu schreiben, was dir nicht gefallen hat. Ich freue mich auf deine Nachricht und werde antworten, versprochen: hallo@ lea-blumenthal.de

# Glossar

**5-zu-1-Formel, die:** Dem Beziehungsforscher Prof. John Gottman zufolge braucht eine Beziehung fünf positive Erfahrungen, um eine negative wiedergutzumachen. Auf eine Kritik sollte also fünfmal Lob folgen, auf eine Zurückweisung fünfmal aktive Zuwendung, auf eine Zickerei fünfmal Freundlichkeit. Diese Formel ist Gottman nicht im Traum erschienen, sondern Ergebnis jahrelanger Forschungen.

**Concorde-Effekt, der:** Der auch als „Irrtum der versunkenen Kosten" oder Sunk Cost Effect bezeichnete Effekt beschreibt das Phänomen, dass man in Projekte (oder Beziehungen) weiter investiert, selbst wenn sie nicht mehr rentabel oder angenehm sind – eben weil man schon so viel dafür bezahlt oder getan hat. Der Effekt wurde nach dem Überschallflugzeug Concorde benannt, das bereits während seiner Konstruktion Millionen verschlang und auch später niemals aus den roten Zahlen herauskam. In Deutschland könnte der Concorde-Effekt auch „Stuttgart-21"-, „Elbphilharmonie"- oder „BER"-Effekt heißen – vermutlich würden wir ihn dann eher verstehen.

**Edwards-Gesetz, das:** Das Edwards-Gesetz besagt, dass der Zeitaufwand, den man in ein Projekt investiert, umgekehrt proportional zur verbleibenden Zeit steigt. Einfacher formuliert: Rückt die Deadline näher, kniet man sich richtig rein. Oft hängt das Edwards-Gesetz mit dem Phänomen der *Prokrastination* zusammen, das dazu führt, dass man unangenehme oder herausfordernde Aufgaben vor sich herschiebt und sich stattdessen den schönen Seiten des Lebens zuwendet, um ein gutes Gefühl zu bekommen. Anders gesagt, man schiebt bis fünf vor zwölf und fängt erst an zu handeln, wenn es eigentlich schon zu spät ist. (Fragen Sie doch mal nach, wann die Autorin dieses Buches das Manuskript abgegeben hat!)

**Helfersyndrom, das:** Als Helfersyndrom bezeichnet man in der Psychologie und Alltagssprache das psychologische Phänomen, welches Menschen dazu verleitet, anderen ihre Hilfe aufzudrängen, auch wenn sie gar nicht darum gebeten wurden, und permanent Aufgaben zu übernehmen, die auch andere erledigen könnten. Personen, die unter dem Helfersyndrom leiden, polieren auf diese Art ihr (eher schwaches) Selbstwertgefühl auf und genießen das Gefühl, gebraucht zu werden. Durch die Konzentration auf andere können sie verhindern, sich mit ihren eigenen Bedürfnissen und Defiziten zu beschäftigen. Das Helfersyndrom gehört damit im weitesten Sinn zur *Selbstverarsche*.

**Hochsensibilität, die:** Entgegen einigen langläufigen Meinungen handelt es sich bei Hochsensibilität oder Hypersensibilität um keine Krankheit, sondern um ein Persönlichkeitsmerkmal. Betroffene nehmen Reize besonders intensiv wahr, egal, ob sie positiv oder negativ sind, und fühlen sich von den Impulsen von außen oft überfordert. Um im inneren Gleichgewicht zu bleiben, brauchen Hochsensible deshalb häufig ruhige Rückzugsmöglichkeiten und suchen die Einsamkeit sowie ein reizarmes Umfeld. In den vergangenen Jahren wurde ein signifikanter Zusammenhang zwischen Hochsensibilität, Glutenintoleranz und Laktoseunverträglichkeit bemerkt. Wissenschaftlich konnte dieser jedoch noch nicht belegt werden.

**Impostor-Syndrom, das:** Das Impostor- oder Hochstapler-Syndrom wird auch Mogelpackungssyndrom oder Betrüger-Phänomen genannt. Es handelt sich dabei um ein psychologisches Phänomen, das Menschen massiv an ihren eigenen Fähigkeiten zweifeln lässt. Die Betroffenen sind davon überzeugt, sich ihre Erfolge oder Leistungen erschlichen zu haben und nicht zu verdienen. Im schlimmsten Fall halten sich die von diesem Syndrom betroffenen Personen für Hochstapler und befürchten, von anderen eines Tages als Betrüger „enttarnt" zu werden.

**Kognitive Dissonanz, die:** Die kognitive Dissonanz beschreibt einen unangenehmen Gefühlszustand, der entsteht, wenn zwei Kognitionen (Überzeugungen) im Inneren einer Person aufeinandertreffen, die nicht miteinander vereinbar sind, beispielsweise: „Ich will weniger Fleisch essen, um die Umwelt zu schonen, aber heute habe ich Lust auf ein Steak." Um diesen Missklang im Inneren aufzulösen und die quälende Kluft zwischen Anspruch und Wirklichkeit zu überbrücken, stellt das menschliche Gehirn verschiedene Strategien bereit, unter anderem Abwertung einer der beiden Kognitionen („Die Umwelt verreckt sowieso!"), Ablenkung („Oh, Desserts haben sie auch ...") oder Übertragung der Verantwortung auf andere („Ich kann die Welt ja wohl nicht im Alleingang retten"). All diese Strategien führen zwangsläufig zur *Selbstverarsche,* es sei denn, man ändert sein Verhalten tatsächlich und verspürt zukünftig keine zwei sich im Widerstreit befindende Überzeugungen mehr. Das gelingt aber so gut wie niemandem.

**Mona-Lisa-Syndrom, das:** Das Mona-Lisa-Syndrom bezeichnet das Phänomen, dass vor allem Frauen im Job geschätzt, aber gern übergangen werden, hauptsächlich bei Beförderungen, Lob und Ähnlichem. Statt die verdiente/vereinbarte Gehaltserhöhung, Aufstiegsmöglichkeit oder Anerkennung für sich einzufordern, lächeln die netten Betroffenen einfach weiter – und gehen leer aus.

**Obelix-Effekt, der:** Beim Obelix-Effekt handelt es sich um die verbreitete Angst, beim Mittagessen abseits der Kollegen sitzen und sein Essen allein zu sich nehmen zu müssen. Es beschreibt damit die Sorge vor Ausgrenzung und sozialer Isolation und ist ein gesellschaftlich anerkannter Indikator für die eigene Popularität. Der Obelix-Effekt kann durch unangenehmes Verhalten, von zu Hause mitgebrachtem, streng riechendem Essen oder schlechten Tischmanieren ausgelöst werden. Nur in wenigen Fällen gelingt es Betroffenen, sich aus der unfreiwilligen Lage wieder zu befreien. In der Praxis hat sich das Vorgehen durchgesetzt, sich mit anderen vom Obelix-Effekt betroffenen Personen zusammenzutun und eine eigene Mittagspausengruppe zu bilden. Es sei jedoch angemerkt, dass dies der sozialen Isolation nur vordergründig entgegenwirkt, häufig verstärkt die Zusammenrottung mehrerer „Obelixe" die Stigmatisierung und Vereinsamung erst noch.

**Perfektionismus, der:** Perfektionismus bezeichnet das Streben nach Vollkommenheit und Fehlerlosigkeit. Menschen, die sich als Perfektionisten beschreiben, verfolgen das Ziel, beste Leistungen abzuliefern, und haben sehr hohe, oft unerreichbare Ansprüche an sich und an andere. Dabei geht es dem Perfektionisten weniger um die Vollkommenheit an sich, sondern um den Versuch, sich unangreifbar zu machen oder Sicherheit und Zugehörigkeit zu erlangen. Viele Perfektionisten leiden unter massiven Verlust- und Versagensängsten. Um den eigenen Perfektionismus überhaupt zu ertragen, tendieren manche Betroffenen zur *Prokrastination*. Indem sie sich selbst um ausreichend Zeit für die Erledigung ihrer Aufgabe bringen, können sie sich später nämlich einreden: „Mit mehr Zeit wäre es noch besser (ergo perfekter) geworden." Weiterführende Informationen finden sich im Glossar unter *Selbstverarsche, die.*

**Peter-Prinzip, das:** Dem Peter-Prinzip liegt die Beobachtung zugrunde, dass die meisten Unternehmen hierarchisch aufgebaut sind und Aufstiegsmöglichkeiten bieten. Häufig werden Personen auf eine höhere Ebene befördert, die bessere Leistungen als ihre Vergleichsobjekte bringen. Der inneren Logik des fortwährenden Aufstiegs zufolge werden Mitarbeitende in Unternehmen so lange befördert, bis sie auf einem Posten ankommen, für den sie de facto nicht mehr qualifiziert sind. Es kommt zur fachlichen Überforderung bei gleichzeitig steigender Anerkennung, was erklärt, warum so viele Menschen in leitenden Positionen inkompetente Idioten sind.

**Prokrastination, die:** Statt sich mit den Aufgaben zu beschäftigen, die dringend und wichtig sind, lenken sich Menschen, die prokrastinieren, mit so ziemlich allem ab, was möglich ist. Professionelle Prokrastinierer wienern erst die gesamte Bude, bevor sie auch nur einen Strich für das Wesentliche tun. Um es in der Prokrastination zu akademischer Reife zu bringen, empfiehlt sich mindestens ein Account in den sozialen Medien, insbesondere TikTok oder Instagram.

**Selbstverarsche, die:** Psychologisches Phänomen, das jedem Menschen im Laufe seines Lebens mindestens ein-, meistens jedoch eher hunderttausendmal begegnet. Grund dafür sind unter anderem eine fehlende Selbstreflexion, mangelnde Selbstkritik oder *kognitive Dissonanz*.

**Reziprozitätsnorm, die:** Die Reziprozitätsnorm (auch Gegenseitigkeitsnorm oder Regel der Gegenseitigkeit) ist ein grundlegendes sozialpsychologisches Prinzip und findet sich in allen Kulturen und Zivilisationen. Der Reziprozitätsnorm entsprechend verspürt der Empfänger einer Gefälligkeit den Druck, diese Gefälligkeit mit einer gleichwertigen Handlung oder Leistung zu erwidern, unabhängig davon, ob der Absender der Gefälligkeit sympathisch wirkt oder nicht oder ob die Gefälligkeit erbeten war oder nicht. Statistisch gesehen wird die Erwiderung der ursprünglichen Gefälligkeit sogar eher über- als unterschritten, um den sozialen Erwartungen Genüge zu tun.

# Endnoten

1 https://www.nationalgeographic.de/wissenschaft/2022/01/schluss-mit-lustig-warum-laecheln-manchmal-ungesund-ist, abgerufen am 12.12.2021
2 Hier gemeint: *Saturn verschlingt seinen Sohn* von Francisco Goya. Kein schöner Anblick, so viel sei gesagt.
3 http://www.namen-namensbeeutung.de/Namen/Namen-Boris.html, abgerufen am 13.12.2021
4 https://www.beliebte-vornamen.de/4803-lea.htm, abgerufen am 13.12.2021
5 Unter Beißhemmung versteht man (vor allem bei Hunden) einen Schutzmechanismus, der im Welpenstadium einsetzt. Er sorgt dafür, dass Hunde die Intensität des Zubeißens kontrollieren können. Einige Menschen haben nie eine Beißhemmung entwickelt – sie schnappen einfach nach allem, was sie provoziert oder reizt.
6 https://www.ajoure.de/lifestyle/erfolg-motivation/concorde-effekt-warum-aufgeben-manchmal-doch-eine-option-ist/, abgerufen am 19.12.2021
7 https://karrierebibel.de/edwards-gesetz/, abgerufen am 19.12.2021
8 https://www.emotion.de/psychologie-partnerschaft/persoenlichkeit/impostor-syndrom, abgerufen am 19.12.2021
9 https://www.spiegel.de/wissenschaft/natur/hund-und-mensch-kuschelhormon-oxytocin-staerkt-die-bindung-a-1029010.html, abgerufen am 20.12.2021
10 https://www.kopfschmerzen.de/migraene/migraene-stressbewaeltigung, abgerufen am 01.02.2022
11 https://de.statista.com/statistik/daten/studie/172091/umfrage/besitz-eines-pkw-fuehrerscheins/, abgerufen am 03.01.2022
12 Hier gibt's ein lustiges Video dazu: https://www.youtube.com/watch?v=f_3Utmj4RPU, abgerufen am 12.03.2022
13 https://de.wikipedia.org/wiki/Harmonie, abgerufen am 07.01.2022
14 https://greator.com/big-five-persoenlichkeitsmerkmale/, abgerufen am 07.01.2022
15 https://de.wikipedia.org/wiki/Big_Five_(Psychologie), abgerufen am 11.01.2022
16 https://www.dak.de/dak/meine-gesundheit/hochsensibilitaet-2340948.html, abgerufen am 13.01.2022
17 https://www.zdf.de/verbraucher/volle-kanne/hochsensible-menschen-102.html, abgerufen am 13.01.2022
18 https://spirit-online.de/empathie-und-hochsensibilitaet-wo-liegt-der-unterschied.html, abgerufen am 17.01.2022
19 https://www.deutschlandfunk.de/das-phaenomen-der-empathie-100.html, abgerufen am 17.01.2022
20 Man kann es sich schon denken: Das ist eine sehr vereinfachte, möglicherweise auch falsche Darstellung der Prozesse im menschlichen Gehirn. Die Wissenschaft ist sich mittlerweile nämlich doch nicht mehr sicher, ob es wirklich die Spiegelneuronen sind, die in so einem Fall feuern, oder vielleicht auch andere. Zumindest ist man zwischenzeitlich von der Annahme abgerückt, Empathen hätten mehr dieser Spiegelneuronen als unsensible Vollhonks. Sie nutzen sie vermutlich einfach besser.
21 https://www.geo.de/wissen/gesundheit/16296-rtkl-gewaltfreie-kommunikation-wie-man-sich-im-streit-hoeflich-aber-bestimmt, abgerufen am 05.01.2022
22 https://www.smartments-business.de/blog/der-obelix-effekt-alleine-essen-muessen, abgerufen am 05.02.2022
23 https://karrierebibel.de/dramadreieck/, abgerufen am 20.01.2022
24 https://unternehmer.de/lexikon/existenzgruender-lexikon/peter-prinzip, abgerufen am 04.01.2022
25 https://www.spektrum.de/lexikon/psychologie/halo-effekt/6232, abgerufen am 27.01.2022
26 https://karrierebibel.de/mona-lisa-syndrom/, abgerufen am 23.01.2022
27 Es existiert ein weiteres Mona-Lisa-Syndrom, das werdende Mütter im letzten Drittel der Schwangerschaft oder in den Wochen nach der Geburt heimsucht. Dabei handelt es sich um eine idiopathische, periphere Fazialisparese, was typisch medizi-

nisch-kompliziert beschreibt, dass die Frauen von einer Gesichtslähmung mit unge-
klärter Ursache betroffen sind. Die am Mona-Lisa-Syndrom Erkrankten sind teilweise
nicht mehr in der Lage zu lächeln, was insbesondere nach der Geburt zu großem
Stress für die frischgebackenen Mütter führen kann, da sie naturgemäß den Wunsch
verspüren, ihr Kind anzulächeln. Im Gegensatz zu dem Mona-Lisa-Syndrom, das über-
vorteilte Frauen im Arbeitskontext beschreibt, geht es hier also um ein Nicht-Lächeln
beziehungsweise die Unfähigkeit zu lächeln, wohingegen die Frauen am Arbeitsplatz
aus dem (deplatzierten) Lächeln gar nicht mehr rauskommen. So oder so: Dass gleich
zwei Syndrome nach Leonardo da Vincis bekanntestem Gemälde bezeichnet wurden,
die jedoch zwei gegensätzliche Befunde beschreiben, sagt viel über das geheimnis-
volle (Nicht-)Lächeln der Mona Lisa selbst aus.

28  https://www.therapie.de/psyche/info/ratgeber/lebenshilfe-artikel/helfersyndrom/
artikel/, abgerufen am 25.01.2022
29  https://www.geo.de/wissen/gesundheit/18160-rtkl-kognitive-dissonanz-war-
um-wir-uns-so-leicht-selbst-betruegen, abgerufen am 08.01.2022
30  https://www.spektrum.de/lexikon/psychologie/reziprozitaetsnorm/13012, abgerufen am 10.01.2022
31  https://www.researchgate.net/publication/338015332_REVISION_2_How_to_Kiss_
and_Make_Up_Final, abgerufen am 10.01.2022
32  https://aktuelles.uni-frankfurt.de/menschen/wege-aus-der-harmoniefalle/, abgerufen am 25.01.2022
33  https://www.beziehungsweise-magazin.de/ratgeber/kommunikation-konflikte/
die-51-formel-fuers-beziehungsglueck/, abgerufen am 08.03.2022
34  Im Original: The Chinese use two brush strokes to write the word ‚crisis'. One
brush stroke stands for danger; the other for opportunity. In a crisis, be aware
of the danger, but recognize the opportunity. https://beruhmte-zitate.de/zita-
te/1997984-john-fitzgerald-kennedy-die-chinesen-verwenden-zwei-pinselstri-
che-um-das/, abgerufen am 05.02.2022

# Impressum

© 2022 GRÄFE UND UNZER VERLAG GmbH,
Postfach 860366, 81630 München

**GRÄFE UND UNZER**

Gräfe und Unzer ist eine eingetragene Marke der GRÄFE UND UNZER
VERLAG GmbH, www.gu.de

ISBN 978-3-8338-8321-7

1. Auflage 2022

Projektleitung: Anja Schmidt, Celine Koch
Lektorat: Anne Nordmann
Korrektorat: Susanne Schneider
Illustrationen: Tatiana Davidova, Getty Images (calvindexter)
Umschlaggestaltung: Ki36 Editorial Design, München, Daniela Hofner
Umschlagfoto: Verena Braun, Lichtzeichnerei
Herstellung: Markus Plötz
Satz und Innenlayout: Björn Fremgen, KONTRASTE
Repro: Ludwig Media, Zell am See
Druck und Bindung: Livonia, Riga

Umwelthinweis: Dieses Buch ist auf PEFC-zertifiziertem Papier gedruckt.
PEFC garantiert, dass Holz- und Papierprodukte aus nachhaltig
bewirtschafteten Wäldern stammen.

Die GU-Homepage finden Sie unter www.gu.de

 www.facebook.com/gu.verlag

GRÄFE
UND
UNZER

*Ein Unternehmen der*
GANSKE VERLAGSGRUPPE